HEYNE<

Dr. Volker Kitz hat mehrere Sachbuch-Bestseller geschrieben. Er hat Jura und Psychologie in Köln und New York studiert, danach Erfahrungen in den unterschiedlichsten Jobs gesammelt, u.a. als Wissenschaftler, TV-Journalist, Drehbuchautor und Lobbyist. Früher dachte er, spinnen würden immer nur die anderen. Heute weiß er, dass es auch manchmal an ihm liegt. Trotzdem arbeitet er bundesweit als Anwalt und Coach. Miete zahlt er in München.

Dr. Manuel Tusch studierte Psychologie und Erwachsenenbildung in Köln und Amsterdam. Er hat eine psychologische Praxis in Köln, leitet das Institut für Angewandte Psychologie (IfAP) und ist Lehrbeauftragter an mehreren Universitäten. Seine Arbeitsschwerpunkte im Psycho-Dschungel sind Coaching, Mediation, Supervision und Gesprächstherapie. Nachdem er seine eigenen Neurosen zum Beruf gemacht hat, kommt er heute prima durchs Leben.

Ihr Spiegel-Bestseller *Das Frustjobkillerbuch – Warum es egal ist, für wen Sie arbeiten* wurde über Nacht zum Kultbuch und Standardwerk und ist in mehrere Sprachen übersetzt. In *Ich will so werden, wie ich bin – Für Selberleber* entwickeln Dr. Kitz & Dr. Tusch ein Selbstcoaching-Programm für ein eigenbestimmtes Leben. Mit ihren erfolgreichen Bühnenprogrammen sind Dr. Kitz & Dr. Tusch international auf Tournee. Bei Unternehmen sind sie gefragte Redner und Coaches.
Weitere Informationen unter www.kitz-tusch.com.

Dr. Volker Kitz, Dr. Manuel Tusch

Psycho? Logisch!

Nützliche Erkenntnisse
der Alltagspsychologie

WILHELM HEYNE VERLAG
MÜNCHEN

Verlagsgruppe Random House FSC-DEU-0100
Das für dieses Buch verwendete FSC®-zertifizierte Papier
Holmen Book Cream liefert Holmen Paper, Hallstavik, Schweden.

6. Auflage
Originalausgabe 10/2011
© 2011 Dr. Volker Kitz, Dr. Manuel Tusch
© 2011 Wilhelm Heyne Verlag, München,
in der Verlagsgruppe Random House GmbH
Umschlaggestaltung: Eisele Grafik-Design, München
Cartoons: © Rabe/vermittelt durch toonpool.com, Berlin
Redaktion: Silke Uhlemann
Satz: Uhl + Massopust, Aalen
Druck und Bindung: GGP Media GmbH, Pößneck
Printed in Germany 2012
ISBN 978-3-453-60179-6
www.heyne.de

INHALT

Vor~~urteile~~ wort 9

Wie Sie Wasser zu Wein machen 13

Warum Sie sich bei schönen Dingen öfter mal
   unterbrechen lassen sollten 20

»Blöde Kuh« oder »dumm gelaufen«? –
   Wie wir uns und den Rest der Welt sehen 25

Wie zum Stöhnen die Lust kommt –
   oder der Schmerz 30

Die wievielte Million macht glücklich? 35

Wie aus Frauen Heulsusen werden und
   aus Männern emotionale Krüppel 40

Wer *zuerst* lacht, lacht am besten 46

Mit Ihren Gedanken können Sie das
   Weltgeschehen steuern 51

Wie Sie Ihren Sex wieder interessanter machen
   (und alles andere auch ...) 57

Woran die meisten Beziehungen scheitern 62

Warum wir uns die Welt immer schönreden 66

Wie Sie durch Essen abnehmen und wie Sie
  einen Flugzeugabsturz überleben 73

Sie haben die Wahl: Bleiben Sie ewig jung –
  oder retten Sie Ihre Ehe 78

»Zum Glück sind wir nicht so wie die
  Müllers...« – oder doch? 83

Wer andre in der Grube sieht, springt selbst
  hinein? 90

Warum Ratschläge auch Schläge sind 94

Erfolgreicher leben – dank Denkfehlern 98

Warum Fliegen zwar selten tot macht,
  aber häufig Angst 102

Fängt nur der frühe Vogel den Wurm? 107

Aber hallo! Mit dem Halo-Effekt können Sie
  punkten (und gepunktet werden) 111

Wanne oder Waffenschrank? Wie wir auf Stress
  reagieren 116

Zimmerpflanzen machen (manchmal) glücklich . . 123

Problem sei Dank! 128

Wie Sie durch das Leben nach dem Tod Ihr
  Leben vor dem Tod verlängern können 134

»Er steht einfach nicht auf dich« – wie wir für
  alles eine Erklärung finden 138

Wie Sie sich unter die Haube bringen,
   obwohl niemand Sie haben will 144

Liebe auf den 1000. Blick: Von Hollywood
   fürs Leben lernen 148

Ziehen sich Gegensätze an oder aus? 154

Warum Familienfeiern von vornherein
   unentspannt sein *müssen* 160

Auge um Auge, Kuss um Kuss 165

Jetzt werden Sie große Augen machen 171

Warum wir Konflikte brauchen wie die Luft
   zum Atmen 177

In guten oder schlechten Zeiten? Wie wir am
   leichtesten einen Gefallen erwiesen bekommen. . 184

Warum Sie die Peitsche nie zum Zuckerbrot
   machen sollten 189

Wie wir unsere seelischen Abgründe *für* statt
   gegen uns arbeiten lassen 193

Wie individuell sind Sie – wenn's drauf
   ankommt? 200

Wo Sie sich am besten überfallen lassen sollten . . . 206

Wieso wir nie tun, was wir sollen, und nie
   kriegen, was wir wollen 212

Warum Ihr Altpapier mehr wert sein kann als
   das Auto Ihres Nachbarn 217

Wie Herr »Schießmichtot« seinen Namen
  zurückbekommt 222

Geld bremst die Welt! 225

Vermutlich haben Sie kein Weltbild. 231

Wo standen Sie, als die Welt plötzlich
  stillstand? – Sind Sie *sicher*? 237

Warum Frauen *wirklich* nicht einparken und
  Männer *wirklich* nicht zuhören können 243

»Schatz, wir müssen reden!« – Wieso Frauen
  glauben, dass Männer immer nur das
  Eine wollen 250

Warum bei Eheproblemen der Wurm drin ist
  (oder: nicht mehr rein darf …) 254

Was Aufzugfahren mit Känguru-Gezicke zu tun
  hat 257

Sind Sie so peinlich, wie Sie glauben? 261

Was der Schokoeffekt über Ihr Leben aussagt 266

Eman(n)zipation: Sind Frauen die besseren
  Männer? 270

Das Beste zum Schluss: unser Unterbewusst-
  sein 275

Was wollen *Sie* uns sagen? 277

Unsere Themen haben Ihnen gefallen? 279

Glossar 281

VORURTEILE *WORT*

Der gemeine Psychologe ist ein eher freudloses Wesen. Er hatte eine schwere Kindheit und ist gerne mal zu kurz gekommen.

Er beschreibt sein Leben als ein Schreiten durch ein tiefes Tal der Tränen. Weil er selbst so leidet, verspürt er den Wunsch, anderen zu helfen und ihnen das zu geben, was ihm selbst verwehrt geblieben ist.

Nach 35 Wartesemestern (hoher Numerus Clausus!) ergattert er endlich einen Studienplatz am Ende der Welt. Oft verschlägt es ihn nach Bielefeld oder nach Tübingen. Dort zieht er in eine gemischte Fünfer-WG ein, in der man sich Zettel unter der Tür durchschiebt, auf denen Dinge stehen wie: »Du, das hat mich total in meinem Inneren berührt, was du gestern Abend beim Essen zu mir gesagt hast.«

Sein Studium ist für ihn Selbsttherapie, weshalb er höchstes Engagement an den Tag legt. Dies zeigt sich besonders eindringlich in lebhaften Hörsaaldiskussionen, die nicht selten nach dem Muster »Mein Therapeut hat damals zu mir gesagt…« – »Nein, meine Therapeutin meint aber…« ablaufen. Überhaupt sind Diskussionen für den Psychologen wichtig. Denn die meisten Dinge kann man »nicht einfach so stehen lassen«.

Nach 120 Semestern Studium und Selbsterfahrung kann der Psychologe eigentlich nichts. Noch nicht einmal diskutieren.

Das hat verschiedene Ursachen: Er hat entweder die Zeit ausschließlich damit verbracht, eigene Traumata aufzuarbeiten. Oder ein irrer Statistikprofessor hat ihm wild Zahlen um die Ohren gehauen. Das hat den Psychologen überrascht und verunsichert, weil ihm vorher niemand gesagt hatte, dass Psychologie zu einem Großteil Mathematik ist. Er fand das richtig gemein und hat sich in die schöne Zeit seiner Wartesemester zurückgesehnt.

(Übrigens – und im Ernst ebenso wie im Vertrauen: Der Geheimtrick der Psychologie ist, dass eine entsprechend große Untersuchungsstichprobe ausreicht, um *nahezu jeden* Sachverhalt statistisch zu beweisen. So lässt sich mit ein paar Zahlen schön die Realität verdrehen. Wenn Ihnen also eine der Aussagen in diesem Buch nicht gefällt, dann müssen Sie nur lange genug in der Fachliteratur stöbern oder selber experimentieren und Sie werden zu fast allem auch das Gegenteil »belegen« können.)

Eventuell war der Psychologe auch zu abgelenkt, weil die Mütter unter den Studentinnen ihre Kinder vor versammelter Mannschaft stillten – die Wartesemester waren ja auch an ihnen nicht kinderlos vorübergegangen. Spätestens die stark familiengeprägten Vorgänge im Hörsaal begründeten beim Psychologen die Überzeugung, dass man alles im Leben mit frühkindlichen Erlebnissen erklären kann. Zudem konnten die stillenden

Mütter sicherstellen, dass ihr Nachwuchs die Abgründe der menschlichen Psyche schon mit der Muttermilch aufnahm. (Wenigstens blieben ihm Hunde in der Vorlesung erspart – die nämlich hatten sich im Nachbarhörsaal der Pädagogen zusammengerottet.)

Kurz: Sein Abschluss hat ungefähr die Wertigkeit eines Jodel-Diploms und so kommt es, dass sich der Psychologe postgraduiert sündhaft teuer fortbilden muss: in Therapie, Beratung, Supervision oder Coaching. Diese Ausbildung zahlt er dann lebenslänglich ab, was seiner Freudlosigkeit nicht abträglich ist.

Bei der Psychologie handelt es sich also um ein weites Feld – und um Ihnen den Gang sowohl auf die eine Seite der Couch als auch auf die andere zu ersparen, haben wir dieses Buch geschrieben.

Denn: Interessant ist die Psychologie schon! Und so praktisch.

Es geht ja um nicht weniger als die Frage: Wie funktioniere ich? Mit allen möglichen Dingen verbringen wir unsere Zeit, aber nur sehr selten mit dieser Frage, die doch jeden von uns betrifft wie keine andere. Nebenbei erklärt uns die Psychologie auch, wie die Menschen um uns herum funktionieren – was auch wiederum praktisch für uns selbst ist. Denn mit Gebrauchsanleitung sind unsere Mitmenschen doch wesentlich angenehmere Zeitgenossen als ohne.

Mit ein paar psychologischen Kniffen können wir unseren Alltag besser und angenehmer gestalten. Ob Sie diese Kniffe dazu einsetzen, Ihren eigenen Vorteil zu maximieren oder an einer besseren Welt für alle zu arbeiten, bleibt ganz Ihnen überlassen. Möglich ist beides. Denn wer weiß, wie er selbst und andere Menschen funktionieren, der hat zumindest die Kontrolle über seinen Alltag zurückgewonnen – jedenfalls teilweise. Dazu mehr in diesem Buch.

Und Sie können auf jeder Party mitreden! Die Küchen sind voll von Küchenpsychologen! Dieses Buch hilft Ihnen dabei, sich im Psycho-Dschungel des Alltags zu orientieren. Sie lernen, die Psychologensprache zu verstehen und mitzureden. Es erklärt Ihnen die Welt und gibt Ihnen Hilfestellung in fast allen Lebenslagen. Denn jede psychologische Erkenntnis lässt sich im Alltag anwenden, um sich selbst und andere zu steuern – damit Sie Ihre Ziele besser erreichen können.

Gut, dass wir darüber gesprochen haben...

Viel Vergnügen und hilfreiche Selbsterkenntnisse wünschen Ihnen beim Lesen und Analysieren

Dr. Volker Kitz & Dr. Manuel Tusch

München/Köln, im Sommer 2011

WIE SIE WASSER ZU WEIN MACHEN

Das »Reframing« ist eine hochwirksame Methode aus der Psychotherapie und kann Ihnen auch im Alltag helfen, gelassener zu sein

Ein wichtiger Tag steht Ihnen bevor. Doch der Wecker hat seinen Geist aufgegeben: Sie stehen deutlich zu spät und zu allem Überfluss auch noch mit dem falschen Fuß auf. Im Bad stoßen Sie sich erst mal gepflegt den großen Zeh. Dann streikt auch noch die Kaffeemaschine. Beim Hinauseilen springt Ihnen – passend zum gerissenen Schnürsenkel – der Knopf vom Mantel. Auf dem Fußweg mäht Sie ein irre gewordener Radfahrer um – und die drei Atemzüge, die Sie brauchen, um sich und Ihre in der Pfütze badende Aktentasche wieder einzufangen, reichen punktgenau, um dem Bus gerade noch hinterherwinken zu können. Im Büro hängt der Aufzug fest. Als Sie das Vorstandsmeeting im 16. Stock erreichen, haben Sie satte Schweißflecken unter den Armen.

> Ähnliche »Abenteuer« ziehen sich wie ein roter Faden bis abends durch den Tag. Zu guter Letzt versetzt Sie auch noch Ihr Date mit der Begründung: »Du, ich habe Angst, von dir verletzt zu werden.«
> Als Sie hundemüde Ihren Kopf nur noch im Kissen begraben wollen, stellen Sie in letzter Sekunde fest: Ein faustgroßer, schwarzhaariger Achtbeiner hat bereits sein Netz in Ihrem Nest bereitet.
> Wie denken Sie über diesen Tag?

Ehrlich gesagt: Jeder durchschnittlich strukturierte und halbwegs normal sterbliche Mensch hätte das Denken längst eingestellt. Vielleicht würde er sich noch zu der Feststellung durchringen: »Misttag!«

Und, macht es das besser, rettet das den Misttag?

Natürlich ist es wichtig, seine eigenen, auch ungepten Gefühle ernst zu nehmen! Mehr zur »Psychohygiene« in dem Kapitel »Wie wir unsere seelischen Abgründe *für* statt gegen uns arbeiten lassen« (S. 193).

Grundsätzlich aber rauschen wir durch zusätzliche Negativgedanken in einen Teufelskreis hinein, die sogenannte »selbsterfüllende Prophezeiung«, auf die wir später noch genauer zu sprechen kommen (in dem Kapitel »Mit Ihren Gedanken können Sie das Weltgeschehen steuern«, S. 51). Alles wird nur noch schlimmer und schlimmer.

Doch keine Sorge, wir kommen Ihnen jetzt nicht mit kosmischem Eso-Geschwafel, sagen Ihnen nicht einfach nur platt: »Denk positiv, alles wird gut!« Wir verraten Ihnen zum Einstieg eine erprobte und hochwirksame Technik aus der Psychotherapie, die Sie jeden Tag selbst praktizieren können, ganz ohne Hokuspokus und transzendentalen Selbstverwirklichungszwang.

Was halten Sie von folgendem Ablauf?

Ein wichtiger Tag steht Ihnen bevor. Glücklicherweise ist der Wecker stehen geblieben und schenkt Ihnen noch ein paar entspannte Momente im kuscheligen Bett. Als Sie sich im Bad den großen Zeh stoßen und sich bücken, finden Sie – wunderbar! – den verloren geglaubten 50-Euro-Schein unter der Wäschebox. Und dass die Kaffeemaschine streikt, ist ein Geschenk des Himmels, denn Koffein würde Sie heute nur unnötig nervös machen. Da nehmen Sie lieber einen milden Kamillentee. Der gerissene Schnürsenkel erinnert Sie siedend heiß daran, dass Sie noch einen Gutschein für den angesagten Lederwarenshop im Internet haben, der nächste Woche verfällt. Puh! Und – es gibt ja keine Zufälle – als Ihr Knopf abspringt, ist das der Beginn einer großen Leidenschaft (Sie wissen nur heute noch nicht, dass Sie nächsten Dienstag in der Schneiderei der Liebe Ihres Lebens begegnen werden). »Mensch, ich bin ja fitter, als ich dachte!«, freuen Sie sich über Ihre Reflexe, als Sie dem Fahrradfahrer an der Bushaltestelle ausweichen. Zum Glück ist die olle Aktentasche hin, jetzt wird es endgültig Zeit eine neue zu besorgen. Und schwupps haben Sie eine Bestimmung für den Internet-Gutschein gefunden. »Bus weg – was soll's? So kann ich noch eben in Ruhe das Meeting vorbereiten!« Die Treppenstufen im Büro verbuchen Sie als

Frühsport; dass Sie so leicht ins Schwitzen geraten, als Zeichen für Ihre gute Kondition ... Als Ihnen abends Ihr Date absagt, sind Sie im tiefsten Inneren erleichtert. Denn wenn es schon so anfängt, dann ist der Ärger vorprogrammiert. (Außerdem sind Sie so völlig unbelastet für die Schneiderei.) Spinnen gelten übrigens in China als Glücksbringer und irgendwie sind Sie dann auch ganz dankbar, dass es da noch ein Lebewesen gibt, das Ihnen nach einem so ereignisreichen Tag noch ein wenig Gesellschaft leistet.

Na, wie war das?

Faktisch nicht anders. Und dennoch ganz anders.

Die zweite Variante Ihres Tages ist eine umgedeutete. In der Psychologie sprechen wir von der »Kopfstandmethode« (was glauben Sie, wozu wir das Theater auf dem Coverfoto machen?) oder mit dem wissenschaftlichen Fachbegriff von einem »Reframing«. Diese Technik der »Neurahmung« kommt ursprünglich aus der Familientherapie: Wir geben Vorkommnissen eine andere Bedeutung, einen anderen Sinngehalt. Die Rahmen-Metapher verdeutlicht, dass ein bloßer Bilderrahmen entscheidend dafür sein kann, ob wir ein Kunstwerk mögen oder nicht. Verlassen wir den alten, bisherigen Rahmen, können sich ganz neue Perspektiven auftun: Sie erleichtern uns den Umgang mit den entsprechenden Situationen, Geschehnissen und Herausforderungen des Alltags.

Nehmen Sie folgenden Satz für die Umdeutung eines als negativ empfundenen Verhaltens: Aus »Mein Partner kontrolliert mich« wird »Ich liege meinem Partner sehr am Herzen«. Ob Sie das so oder so sehen, kann darüber entscheiden, ob Sie eine harmonische Beziehung miteinander führen – oder Ihre Lebenszeit mit zwischenmenschlichen Querelen verschwenden. Dabei bedeutet die zweite Sichtweise keinesfalls, dass Sie Ihr Leben von Ihrem Partner bestimmen lassen sollen – es ist einfach nur eine Änderung in Ihrer eigenen Wahrnehmung. So einfach das alles klingt: Das Reframing wirkt in der Therapie täglich wahre Wunder.

Die Umdeutung hilft uns, wenn an den Fakten nichts mehr zu ändern ist und uns die Gedanken daran nur zusätzlich in unserem Fortkommen blockieren. Es ist der Unterschied zwischen »Ich lebe« und »Ich werde gelebt«.

Wichtig ist, dass wir diese Technik bewusst und gezielt einsetzen. Es geht niemals darum, sich unreflektiert alles immer nur schönreden zu wollen (keine Sorge, auch dieses Phänomen besprechen wir noch ausführlich, siehe S. 66).

Wie gesagt: Zuerst bewusst wahrnehmen und auch negative Gefühle zulassen und akzeptieren – sie gehören zu uns und unserem Leben dazu. Dann umdeuten, verändern. Wichtig ist das goldene Maß: Bevor wir uns permanent über Kleinkram aufregen, kann es gesünder sein, unser Engagement in eine Umdeutung zu investieren. Wenn wir durch ein einschneidendes Erlebnis ein Stück weit die Kontrolle über uns verloren haben, dann ist es möglicherweise besonders wichtig, zunächst einmal die Gefühle zuzulassen und im Anschluss daran zu analysieren. Das Umdeuten setzt dann erst später ein.

Auch beim Neurolinguistischen Programmieren (NLP) ist das Reframing eine bewährte Methode. NLP zielt darauf ab, über bestimmte Denk- und Kommunikationsmuster unser eigenes Verhalten in angenehme und erfolgreiche Bahnen zu lenken.

Probieren Sie doch einmal Folgendes aus:

Erstens: Wenn Sie das nächste Mal enttäuscht von sich denken: »Ich bin dazu nicht in der Lage«, dann fügen Sie vier Buchstaben ein und sagen sich: »Ich bin dazu *noch* nicht in der Lage.« Kleines Wörtchen – große Wirkung.

Zweitens: Wenn Sie die Welt nicht mehr verstehen; sich über etwas oder jemanden ärgern; wenn Sie etwas Bestimmtes nicht einsehen können, dann fragen Sie sich: »Was will mir das jetzt sagen?«, »Wozu könnte das jetzt gut sein?«, »Worin könnte hier die Chance für mich und mein Leben bestehen?« Allein das Fragen löst schon ein Umdenken aus. Lassen Sie sich von der Wirkung dieser Sätze inspirieren.

Ein abschließendes Beispiel für die Frage »Was könnte

ich daraus lernen?« mag das veranschaulichen: Zu uns ins Coaching kommt ein ambitionierter, pfiffiger Unternehmensberater, der sich beruflich gern weiterentwickeln will – und eine Absage nach der anderen erhält. Zunächst einmal eine wirklich missliche Situation. Durch das Umdeuten findet er folgenden Umgang mit diesem Problem für sich: »Diese Lebensphase ist mein Übungsfeld und ich kann lernen, mit Absagen umzugehen und gleichzeitig mein Vertrauen in mich zu behalten.«

Und wenn Sie noch ein letztes Argument brauchen, um aus dem Quark zu kommen, dann halten Sie's mit dem Philosophen Epiktet. Der wusste bereits um das Jahr 50 herum: »Es sind nicht die Dinge, die uns beunruhigen, sondern die Meinungen, die wir von den Dingen haben.«

Bandler, R. & Grinder, J. (2005): *Reframing. Ein ökologischer Ansatz in der Psychotherapie (NLP)*. Paderborn: Junfermann
Conoley, C. W. & Garber, R. A. (1985): *Effects of Reframing and Self-Control Directives on Loneliness, Depression, and Controllability*. Journal of Counseling Psychology, 32 (1), 139–142
O'Connor, J. (2007): NLP – *das Workbook*. Kirchzarten: Vak-Verlag
Robbins, M. S., Alexander, J. F., Newell, R. M. & Turner, C. W. (1996): *The Immediate Effect of Reframing on Client Attitude in Family Therapy*. Journal of Family Psychology, 10, 28–24

WARUM SIE SICH BEI SCHÖNEN DINGEN ÖFTER MAL UNTERBRECHEN LASSEN SOLLTEN

Die »Habituation« macht
Ihr Leben deutlich angenehmer –
wenn Sie sie richtig nutzen

Steuererklärung, Frühjahrsputz, für den Chef eine langweilige Aufgabe erledigen, Sex (wenn er schlecht ist) – sicherlich kennen Sie wenigstens *eine* dieser lästigen Tätigkeiten aus eigener Erfahrung. Wie gehen wir während solch unerfreulicher Phasen unseres Lebens mit Ablenkung um? Wir fallen allem und jedem, der uns ablenkt, dankbar um den Hals! Ein Anruf der senilen Großtante? Herzlichst willkommen, um den Putzeimer stehen zu lassen! Eine Spam-E-Mail mit Werbung für Viagra? Genauestens studieren wir ihren Inhalt, wenn uns das ein paar Minuten von den Steuerbelegen ablenken kann. Und das Buch, das uns beim Aufräumen zufällig in die Hände fällt und das wir schon seit acht Jahren lesen wollten – *jetzt* wäre doch genau der richtige Zeitpunkt, um damit anzufangen...

Denken Sie nun an erfreuliche Tätigkeiten: ein hervorragendes Essen, ein luxuriöses Schaumbad, ein spannendes Fußballspiel, Sex (wenn er gut ist). Hier hassen wir jede Unterbrechung – und jeden, der für eine solche Unterbrechung verantwortlich ist! Auch wenn unser Lieblingsfilm im Fernsehen kommt und plötzlich durch Werbung unterbrochen wird, verfluchen wir den Sender, die Werbewirtschaft und die gesamte böse Welt schlechthin. Denn bei angenehmen Tätigkeiten stören Unterbrechungen unser Glück, während sie es bei lästigen Tätigkeiten steigern – so glauben wir jedenfalls.

Doch stimmt das überhaupt?

In Wahrheit ist es genau umgekehrt! Schauen wir, warum.

Lassen Sie uns dazu zunächst einen Effekt untersuchen, der sich bereits sehr schön zeigen lässt, wenn wir noch friedlich im Mutterleib vor uns hin dämmern: In einem interessanten Experiment setzt man ungeborene Kinder bestimmten Reizen aus, zum Beispiel einer lauten Autohupe. Man misst die Reaktion der Kinder im Mutterleib. Am Anfang reagieren die Kinder sehr stark. Aber je öfter sie dem Reiz ausgesetzt sind, desto schwächer wird ihre Reaktion.

Was sich da schon im Mutterleib so anschaulich zeigt, nennen wir in der Psychologie hochtrabend »Habituation« – auf Deutsch: die lähmende Macht der Gewöhnung. Alles wird mit der Zeit langweilig und oft geht das sehr, sehr schnell. Dieser Fluch der Gewöhnung liegt schon vor der Geburt auf uns – und begleitet uns bis in den Tod.

Die Gewöhnung ist einerseits eine wichtige Voraussetzung dafür, dass wir lernen können. Andererseits sorgt sie auch dafür, dass alles mit der Zeit an Reiz verliert. Egal also, ob wir im Job Marketingtexte schreiben, Menschen am Operationstisch retten, Fernsehsendungen moderieren, Formel-Eins-Rennen fahren, ob wir verheiratet sind, viel Geld verdienen, ein tolles Haus oder rasantes Auto besitzen – an alles gewöhnen wir uns, alles verliert den Kick des ersten Mals.

An der Habituation selbst können wir nichts ändern; wohl aber können wir den Gewöhnungseffekt besser in unser Leben einplanen – und ihn auf diese Weise sogar für uns nutzen! Die meisten Menschen unterschätzen die Macht der Gewöhnung dramatisch oder ignorieren sie sogar völlig. Wer sie hingegen bewusst einsetzt, kann sich sein Leben viel angenehmer gestalten. Denn der Gewöhnungseffekt gilt natürlich auch für unangenehme Dinge: Je länger wir sie tun, desto mehr verlieren sie ihren unangenehmen Reiz für uns.

Wer schlau ist, lässt sich also gerade bei *angenehmen* Tätigkeiten öfter unterbrechen! Denn jede Unterbrechung mindert den Gewöhnungseffekt, und wir kehren glücklicher zu der angenehmen Tätigkeit zurück als vor der Unterbrechung.

Glauben Sie nicht? Vielleicht überzeugt Sie folgender Versuch. In einer Studie lässt man zwei Gruppen einen

Film ansehen, den sie mögen. Bei der einen Gruppe unterbricht man den Film durch Werbung, bei der anderen nicht. Hinterher fragt man die Menschen, wie gut ihnen der Film gefallen hat. Das Ergebnis: Wer durch Werbung unterbrochen wurde, schildert ein befriedigenderes Seherlebnis – auch wenn er die Werbung selbst als störend empfand.

Das gilt für alle schönen Momente: Die Freude an ihnen wächst mit jedem Neuanfang, also nach jeder Unterbrechung. Deshalb wäre es zum Beispiel auch dumm, seinen gesamten Jahresurlaub am Stück zu verbringen. Denn die Macht der Gewöhnung sorgt dafür, dass der Urlaub am Anfang am schönsten ist, später jedoch immer langweiliger wird. Klug ist also, wer möglichst viele Urlaubs*anfänge* produziert, indem er seinen Jahresurlaub auf möglichst viele kürzere Häppchen verteilt.

Das Umgekehrte gilt für lästige Tätigkeiten: Hier wächst der *Ärger* mit jedem Neuanfang. Jede Unterbrechung vermindert die Gewöhnung und fügt uns größeres Leid zu, wenn wir zu der Tätigkeit zurückkehren. Bei solchen Tätigkeiten können wir die Habituation für uns nutzen, indem wir uns möglichst *nicht* unterbrechen lassen. Dann erscheint uns die Sache mit der Zeit von ganz alleine immer weniger lästig.

Nelson, L. D., Meyvis, T. & Galak, J. (2009): *Enhancing the Television-Viewing Experience through Commercial Interruptions.* Journal of Consumer Research, 36, 160–172

Peiper, A. (1925): *Sinnesempfindungen des Kindes vor seiner Geburt.* Monatsschrift für Kinderheilkunde, 29, 237–241

»BLÖDE KUH« ODER »DUMM GELAUFEN«? – WIE WIR UNS UND DEN REST DER WELT SEHEN

Über Attributionsmuster verstehen Sie sich selbst und Ihre Mitmenschen besser

Sie feiern einen runden Geburtstag, ein ausgelassenes Fest in einer angesagten Kneipe. Fast 80 Freunde haben Sie eingeladen, fast alle sind gekommen. Gegen Mitternacht lassen Sie Ihren Blick über die Menge schweifen: »Wo ist eigentlich meine beste Freundin Tina?«, rauscht es Ihnen plötzlich durch den Kopf. »Die habe ich den ganzen Abend noch nicht gesehen.« Ein Blick auf Ihr Handy – keine Absage, keine SMS mit »Verspäte mich ein bisschen«. Und das an dem Abend, an dem Sie zum einzigen Mal in Ihrem Leben 29 + X werden...

Was denken Sie?

❑ Blöde Kuh! Nicht mal zu meinem 29 + X. kann sie pünktlich sein! Immer vertrödelt sie sich.

❑ Da ist bestimmt irgendwas Wichtiges dazwischengekommen, und sie konnte einfach nicht früher kommen.

Keine Sorge wegen der »blöden Kuh«. Es ist völlig normal, wenn Sie die erste Antwort gewählt haben – die meisten Menschen denken in einer solchen Situation so: Sie gehen davon aus, dass der Grund für die Verspätung in der anderen Person selbst liegt – sie ist einfach zu spät losgefahren.

Wie wir uns die Geschehnisse um uns herum erklären, wie wir bestimmten Erscheinungen bestimmte Ursachen zuordnen – das bezeichnen wir in der Psychologie als »Attribution«. Wir unterscheiden dabei zwischen sogenannter internaler und externaler Attribution. Internal heißt: Wir suchen die Ursache in der beteiligten Person selbst. External bedeutet: Wir schreiben die Ursache den äußeren Umständen zu. Im obigen Beispiel ist also die erste Antwort eine internale Attribution, die zweite eine externale.

Wie entscheidet sich nun, ob wir internal oder external attribuieren? Studien zeigen: Wir haben einen klaren Favoriten. Wir neigen grundsätzlich eher dazu, internal zu attribuieren – wir vermuten die Ursachen für bestimmte Geschehnisse eher in den betreffenden Menschen (»Die blöde Kuh konnte sich wieder nicht entscheiden, welche Schuhe sie tragen soll.«) als in den äußeren Umständen (»Vielleicht hatte sie einen Wasserrohrbruch und momentan ganz andere Probleme im Kopf.«).

Diese Neigung ist sogar so ausgeprägt, dass der Sozialpsychologe Lee Ross sie als den »fundamentalen Attributionsfehler« bezeichnet.

Warum »Fehler«? Weil diese Neigung voreingenommen ist und wir dabei oft an der Realität vorbei urteilen; denn die Realität kennen wir ja noch gar nicht, wenn wir wild zu vermuten beginnen. Wir können in der oben beschriebenen Situation nicht wissen, was genau sich ereignet hat, warum unsere Freundin auf sich warten lässt. Vielleicht war es ja doch der Wasserrohrbruch. Oder ihr Freund hat sich überraschend von ihr getrennt. Oder sie hatte einen Verkehrsunfall und liegt im Krankenhaus. Oder sie hat spontan in Las Vegas geheiratet. Oder ... – es gibt unzählige Möglichkeiten, was von außen dazwischengekommen sein könnte. Trotzdem sind wir ziemlich sicher, dass die Verspätung an ihr liegt.

Das Verrückte: Selbst wenn wir *wissen*, dass jemand ein bestimmtes Geschehen gar nicht beeinflussen konnte, neigen wir trotzdem noch dazu, es ihm ursächlich zuzuschreiben. In einem Experiment lässt man zwei Versuchsgruppen einem Redner zuhören, der eine klare Position zu einem bestimmten Thema äußert. Hinterher sagt man der ersten Versuchsgruppe, der Redner habe sich die Rede selbst ausgedacht. Der zweiten Gruppe sagt man, der Redner habe seine Position von außen zugeteilt bekommen. Dann befragt man alle Zuhörer, wie sehr die Rede ihrer Meinung nach die eigene Ansicht des Redners wiedergab. Natürlich glaubt die Mehrheit der ersten Gruppe, der Redner habe seine eigenen Positionen vorgetragen – er hat sie sich schließlich selbst ausgedacht. Aber: Auch in der zweiten Gruppe geht die Mehrheit davon aus, der Redner habe aus Überzeugung gesprochen – obwohl allen gesagt wurde, dass er den Inhalt seiner Rede gar nicht selbst gewählt hat.

Der »fundamentale Attributionsfehler« findet sich vorwiegend in westlichen Kulturen. Die westlichen Kulturen sind individualistisch geprägt; hier haben wir ein unabhängiges, selbstbestimmtes Menschenbild (ein sogenanntes »independentes Verständnis des Selbst«). In östlichen Kulturen hingegen neigen die Menschen eher dazu, sich selbst und andere als Teil einer Gemeinschaft zu sehen, in der alle voneinander abhängig sind – ein sogenanntes »interdependentes Verständnis des Selbst«. Deshalb nehmen etwa Menschen in Japan die Geschehnisse eher als situationsbedingt wahr und suchen die Ursachen weniger in einzelnen Personen. In Japan hätte eine Jubilarin in der oben beschriebenen Situation daher mit größerer Wahrscheinlichkeit die zweite Antwort gewählt.

Der »fundamentale Attributionsfehler« führt in unseren Breiten jeden Tag zu vielen Missverständnissen und Ungerechtigkeiten, zu Ärger und Streit. Achten Sie also einmal darauf, ob Sie sich nicht manchmal auch dabei ertappen, einer Person vorschnell die Schuld an etwas zu geben, obwohl vielleicht auch die äußeren Umstände verantwortlich sein könnten. Wenn wir lernen, unseren Hang zur internalen Attribution kritisch zu hinterfragen (»Könnte vielleicht irgendein äußerer Umstand das Verhalten bewirkt haben?«), können wir uns Ungerechtigkeiten und Streit oft ersparen.

Ross, L. (1977): »The intuitive psychologist and his shortcomings: Distortions in the attribution process.« In: Berkowitz, L. (Hrsg.): *Advances in Experimental Social Psychology.* New York: Academic Press

WIE ZUM STÖHNEN DIE LUST KOMMT – ODER DER SCHMERZ

Das »Priming« aus der Gedächtnisforschung kann Ihren Horizont erweitern

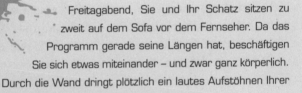

Freitagabend, Sie und Ihr Schatz sitzen zu zweit auf dem Sofa vor dem Fernseher. Da das Programm gerade seine Längen hat, beschäftigen Sie sich etwas miteinander – und zwar ganz körperlich. Durch die Wand dringt plötzlich ein lautes Aufstöhnen Ihrer 30-jährigen Nachbarin. Was denken Sie?

❏ So eine Arthrose muss wirklich schlimm sein. Und das schon in so einem jungen Alter.
❏ Ist die Nebenkostenabrechnung etwa schon gekommen?
❏ Kann die beim Sex nicht leiser sein?

Den meisten Menschen kommt in dieser Situation zuerst der dritte Gedanke in den Sinn. Wir denken, die Nachbarin treibt's gerade ziemlich bunt. Dabei würden zum

Geräusch alle drei Möglichkeiten passen – und noch viele andere mehr. Warum lautet unser Urteil: Sex?

Wir verwenden hier ein sogenanntes »Schema«. Ein Schema können wir am besten mit der schon sprichwörtlichen »Schublade« beschreiben, in die wir Dinge stecken. Wir greifen auf ein bestimmtes generelles Wissen über eine Situation zurück, das wir uns im Lauf unseres Lebens angeeignet haben. Ein Schema hilft uns, uns schnell in Situationen zurechtzufinden, ohne sie jedes Mal wieder neu »lernen« zu müssen.

Haben wir zum Beispiel einen Apfel auf dem Teller liegen, so ist es ja nicht völlig selbst erklärend, wie wir damit umgehen sollen. Denken Sie nur daran, wie ratlos Sie schauen können, wenn Ihnen jemand eine exotische Frucht zeigt: Kann man die essen? *Wie* kann man sie essen? Mit Schale oder ohne? Wie schält man sie, wie schneidet man sie? Befindet sich innen ein Kern, auf den man achten muss? Beim Apfel hingegen rufen wir einfach das Schema »Apfel essen« ab – und wissen genau, was wir zu tun haben.

Ein Schema hilft uns aber nicht nur, eine bereits bekannte Situation wiederzuerkennen, wenn sie sich wiederholt. Wir nutzen Schemata auch, um fehlende Informationen zu ergänzen. So füllen wir zum Beispiel Gedächtnislücken mit Details auf, die dem Schema entsprechen. Deshalb sind so viele Zeugenaussagen vor Gericht unzuverlässig. Geradezu legendär ist bei Verkehrsunfällen der sogenannte »Knallzeuge«, der sagt: »Ich habe hinter mir einen Knall gehört. Da hab ich mich umgedreht und gesehen, wie das rote Auto auf das blaue gefahren ist.« Natürlich kann niemand den Unfall gesehen haben, der sich erst *nach* dem Knall umgedreht hat. Der Knallzeuge ist sich aber absolut sicher, Unfallzeuge gewesen zu sein. Was geht hier vor? Sobald wir eine Unfallsituation sehen, bei der zwei Autos aufeinandergeprallt sind (nachdem sich der Unfall also bereits ereignet hat), ruft dies in uns ein Schema hervor, wie sich der Unfall ereignet haben könnte. Das Schema ergänzt in unserer Erinnerung die fehlende Information.

Auch mehrdeutige Informationen ordnen wir mithilfe von Schemata ein – so wie in dem Beispiel am Anfang.

Doch welches Schema nehmen wir, wenn mehrere passen? In der Regel dasjenige, das am leichtesten zugänglich ist, weil es bei uns gerade noch vor Kurzem aktiv war. Deshalb vermuten wir nach einem Fernsehkrimi hinter jedem Knarren in der Wohnung einen Einbrecher – und schließen beim Stöhnen der Nachbarin auf sexuelle Aktivität, wenn wir uns selbst gerade mit Sex beschäftigt haben.

So funktioniert übrigens auch die Psychologie des Humors: Ein Comedian bringt eine Aussage oder eine Situation mit einem Schema in Verbindung, das zwar in unserem Kopf existiert, aber etwas weiter hinten abgelegt ist. Das Publikum denkt zunächst in dem nahe liegenden Schema (zum Beispiel Stöhnen = Sex) und wird dann von einer auch möglichen, aber schwerer zugänglichen, ganz anderen Deutung (Stöhnen = Nebenkostenabrechnung) überrascht.

Die Aktivierung eines Schemas ist als sogenanntes »Priming« bekannt. Priming ist der Prozess, der ein Schema leichter zugänglich macht. Ein klassisches Experiment hierzu stammt bereits aus den 1970ern: Man legt Probanden die Beschreibung einer Person namens »Donald« vor. Diese Beschreibung enthält vage Aussagen wie zum Beispiel: »Jemand klopfte, aber Donald ließ ihn nicht herein.« Vorher sagt man den Probanden, sie sollten sich bestimmte Worte einprägen, weil es sich auch noch um einen Merktest handele. Der einen Gruppe zeigt man vorher Worte wie »unternehmungslustig, selbstbewusst«, der anderen Worte wie »eingebildet, unnahbar«. Hinterher sollen alle Probanden Donald entweder negativ oder positiv beurteilen. Obwohl beide Gruppen denselben Text über Donald gelesen haben, beurteilt ihn die Gruppe, die sich zuvor positive Begriffe gemerkt hatte, auch positiv – die andere dagegen negativ.

Ein geläufigeres Beispiel aus dem Alltag hat vielleicht jemand schon mit Ihnen durchgeführt. In schneller Folge stellt man Ihnen mehrere Fragen:

Welche Farbe hat Schnee? – Weiß.

Wie sehen Wolken aus? – Weiß.

Welche Farbe hat die Hauswand gegenüber? – Weiß!

Fragt man nun: Was trinkt die Kuh? – so antworten tatsächlich die meisten Menschen: Milch!

Das Fragen primt, aktiviert das Schema »Weiß«, und aus diesem Schema heraus liefert unser Gehirn auch dann eine weiße Flüssigkeit, wenn wir eigentlich »Wasser« antworten sollten.

Das Interessante daran: Das Priming funktioniert sogar dann, wenn Menschen die Worte gar nicht bewusst wahrnehmen. Bittet man zum Beispiel in dem eben erwähnten Experiment die Probanden nicht darum, sich

Worte vorher einzuprägen, sondern projiziert man diese Worte vor ihren Augen so schnell auf eine Leinwand, dass sie sie gar nicht bewusst entziffern können, so ändert das nichts am Ergebnis des Experiments.

Priming ist also eine hervorragende Möglichkeit, uns selbst oder andere in eine bestimmte Grundhaltung zu bringen. Möchten Sie zum Beispiel Ihr Verhältnis zu einem nervigen Kollegen verbessern, so prägen Sie sich einfach vor der Arbeit Worte ein wie: »angenehm, unterhaltsam, interessant, höflich«. Soll der Kollege Sie wiederum sympathischer finden, brauchen Sie ihm solche Worte nur unterzujubeln, zum Beispiel in einem erfundenen Briefentwurf, den Sie ihn Korrektur lesen lassen.

Studien haben gezeigt: Probanden verhalten sich bei einem Spiel tatsächlich kooperativer, wenn sie vorher mit Worten wie »rücksichtsvoll« oder »fair« geprimt wurden.

Steht Ihnen ein wichtiges Gespräch mit Ihrer Chefin bevor, dann schwärmen Sie wie zufällig von einer ganz anderen Person und primen Sie Ihre Chefin auf diese Weise mit möglichst vielen positiven Begriffen. Sie wird Ihnen danach automatisch positiver gesinnt sein.

Bargh, J. A., Gollwitzer, P. M., Lee-Chai, A. Y., Barndollar, K. & Troetschel, R. (2001): *The automated will: Nonconscious activation and pursuit of behavioral goals.* Journal of Personality and Social Psychology, 81, 1014–1027

Higgins, E. T., Rholes, W. S. & Jones, C. R. (1977): *Category Accessibility and Impression Formation.* Journal of Experimental Social Psychology, 13, 141–154

DIE WIEVIELTE MILLION MACHT GLÜCKLICH?

Wie Sie der soziale Vergleich ins Unglück treibt – und was Sie dagegen tun können

Im Büro Ihres Chefs. Endlich haben Sie sich ein Herz gefasst. Monatelang hat Ihre Frau Sie gedrängt: »Heute fragst du ihn aber, oder?« Neben Ihrem Bett liegen Bücher wie »Die erfolgreiche Gehaltsverhandlung«, in denen Sie sich Notizen an einige Checklisten gemacht haben. Man soll mittwochs fragen, haben Sie gelernt; montags ist zu viel los, freitags die Wochenendstimmung schon zu stark für ernsthafte Verhandlungen. Nun haben Sie den Wunsch ausgesprochen – und wappnen sich in Gedanken schon mit den Gegenargumenten auf die Einwände, die Ihr Chef gleich bringen wird. »Mir sind leider die Hände gebunden durch das Gehaltsgefüge«, wird er laut Gehaltsverhandlungsratgeber jetzt sagen ...
»Da rennen Sie bei mir eine offene Tür ein, wie viel hätten Sie denn gern?«, fragt er in Wirklichkeit.

> Äh – Sie stutzen. Und bringen dann beherzt ein »10000 Euro im Monat!« über die Lippen.
> 10000 Euro im Monat – ja, das sitzt! Das ist fast dreimal so viel, wie Sie bisher verdienen. Da könnten Sie die Raten fürs Haus leicht abzahlen und sich und den Kindern ab und zu mal was Nettes gönnen. Mit diesem Betrag wären Sie endlich dauerhaft zufrieden...
> Ja, glauben Sie das denn wirklich?

Mal angenommen, dieses märchenhafte Gespräch wäre Wirklichkeit und Sie bekämen das dreifache Gehalt durch: Wetten, dass Sie in einem Jahr schon wieder um eine Gehaltserhöhung bitten werden?

In einem Experiment fragt man Menschen: In welcher Welt möchten Sie leben, in der Welt A oder in der Welt B? In der Welt A verdienen Sie im Jahr 50000 Euro, in der Welt B 500000 Euro. So weit ist die Entscheidung noch einfach. Aber jetzt kommt es: In der Welt A liegt das Durchschnittsgehalt bei 40000 Euro, in der Welt B bei einer Million! Wie gierig sind die befragten Menschen, was meinen Sie? – Den meisten Menschen ist es gar nicht so wichtig, wie viel sie absolut verdienen. Sie geben sich im Experiment mit den 50000 Euro zufrieden – Hauptsache, sie verdienen *mehr* als die anderen.

Ein weiteres interessantes Experiment belegt diesen Befund sogar neurowissenschaftlich: Man setzt Menschen vor einen Computer, lässt sie Aufgaben lösen. Wenn sie eine Aufgabe richtig lösen, bekommen sie Geld. Die Probanden verfügen dabei über ein interessantes Tool: Sie können sehen, wie viel Geld ihr Nachbar bekommt (ja, das hätten Sie auch gern bei sich zu Hause, was?). Man misst während des Versuchs die Gehirnaktivität im Belohnungszentrum. Das Ergebnis: Natürlich freuen sich die Leute jedes Mal, wenn sie Geld bekommen. Aber am meisten freuen sie sich, wenn sie *mehr* bekommen als ihr Nachbar.

Das nennen wir den »sozialen Aufwärtsvergleich«. Er sorgt dafür, dass wir über alle schönen Dinge auf Knopfdruck unglücklich sind, wenn wir nur anfangen, uns mit anderen »nach oben« zu vergleichen. Denn irgendjemand hat immer mehr!

Die »Theorie des sozialen Vergleichs« stammt von Leon Festinger. Festinger ging davon aus, dass jeder Mensch Informationen über sich selbst gewinnt, indem er sich mit anderen vergleicht – und dass wir es deswegen ständig tun.

Dabei gibt es drei Möglichkeiten: Ich kann mich erstens mit Menschen vergleichen, denen es ganz ähnlich geht wie mir. Das ist zwar ein wenig langweilig, aber es liefert mir meist ein realistisches Bild von mir selbst, meiner Situation und meinen Möglichkeiten. Wenn ich zum Beispiel Anfang 50 bin und meine sportlichen Fähigkeiten realistisch einschätzen will, dann vergleiche ich mich eher mit einem Gleichaltrigen als mit einem 20-jährigen Fußballprofi.

Zweitens kann ich mich mit Menschen vergleichen, die mir unterlegen sind, also zum Beispiel weniger Geld verdienen oder sich weniger guter Gesundheit erfreuen als ich. Ein solcher Vergleich zeigt mir, wie gut es mir geht und wie toll ich bin – fördert also mein Selbstwertgefühl.

Drittens kann ich mich »nach oben« vergleichen mit Menschen, die mir in dem betreffenden Punkt überlegen sind. Das kann mich einerseits zu Weiterentwicklungen anspornen. Andererseits macht es eben auch unglücklich, weil mir schmerzlich bewusst wird, was ich *nicht* bin oder habe.

Was bedeutet das für Sie und Ihre Gehaltserhöhung? Überlegen Sie selbst: Wie viele Menschen auf der Welt kann es geben, die mehr verdienen als *alle* anderen? Richtig... einen einzigen. So lange Sie dieser eine Mensch nicht sind, werden Sie subjektiv nie genug haben. Das ist wissenschaftlich erwiesen. Besser also, wir trauen einer Gehaltsveränderung nicht allzu fantastische Auswirkungen auf unser Lebensglück zu. Dann ist es auch halb so schlimm, wenn der Chef sich wie im Gehaltsverhandlungsratgeber verhält und »Nein« sagt...

Und denken Sie doch öfter auch mal an die beiden anderen Formen des sozialen Vergleichs. So wie der Aufwärtsvergleich unglücklich macht, so können wir mit einem gezielten Abwärtsvergleich unsere Stimmung im Handumdrehen heben. Und nicht nur das: Erst der Abwärtsvergleich lässt uns oft die Schönheiten und Geschenke in unserem eigenen Leben erkennen – und dafür Dankbarkeit empfinden. Wenn Sie in Ihrem unmittelbaren Umfeld niemanden für einen Abwärtsvergleich sehen sollten, dann schalten Sie einfach mal ab und zu die Fernsehnachrichten ein.

Festinger, L. (1954): *A Theory of Social Comparison Processes.* Human Relations, 7, 117–140

Fliessbach, K., Weber, B., Trautner, P., Dohmen, T., Sunde, U., Elger, C.E. & Falk, A. (2007): *Social Comparison Affects Reward-Related Brain Activity in the Human Ventral Striatum.* Science, 318, 1305–1308

WIE AUS FRAUEN HEULSUSEN WERDEN UND AUS MÄNNERN EMOTIONALE KRÜPPEL

Gefühlsechtheit beschert Ihnen ein erfülltes Miteinander

> Hand aufs Herz: Wie gefühlsecht sind Sie?
> (Für die Männer unter uns: Das Herz hat seinen Sitz unter der linken Brustwarze – einer Region, die unter anderen Umständen ja durchaus nicht uninteressant für Sie ist.)
> Was glauben Sie: Wie stark sind Sie in Kontakt zu Ihrem Inneren, Ihren Stimmungen, Gefühlen, Befindlichkeiten? Und wofür ist das wichtig?

Die »richtige« Antwort könnte nicht nur von Ihrem Geschlecht abhängen, sondern auch von Ihrem Alter: Wir entfremden uns mit zunehmendem Alter von uns selbst, werden ich-fern. Als kleines Kind kennen wir unsere Gefühle noch sehr gut, doch im Lauf der Zeit werden wir immer »gefühlloser«.

Fragen Sie zum Beispiel einen Mann: »Wie fühlen Sie sich?«, so lautet die Antwort häufig: »Ja, meine Frau macht das und das...« (Paartherapeuten können das bezeugen).

Dieses Beispiel bringt den Unterschied zwischen echten Gefühlen und sogenannten »Pseudogefühlen« sehr schön auf den Punkt: Im Alltag neigen wir als Erwachsene sehr häufig dazu, mit Pseudogefühlen zu argumentieren. Beliebte Beispiele sind: »Ich habe das Gefühl, du hörst mir nicht zu«, »Ich fühle mich missverstanden«, »Ich fühle mich unter Druck gesetzt«, »Ich habe das Gefühl, von dir nicht ernst genommen zu werden«.

Worin besteht dabei das Problem?

Wir verwenden zwar die Begriffe »fühlen« und »Gefühl«. Aber: Sie dienen nur der Tarnung, denn in Wirklichkeit äußern wir unsere *Gedanken* über andere, unsere *Urteile* gegenüber unseren Mitmenschen. Wenn ich zum Beispiel sage: »Ich fühle mich von dir ungeliebt«, dann denke ich (Kopf): »Du liebst mich nicht.« Das wiederum löst ganz tief in mir drin eine Regung aus, ein echtes Gefühl (Herz, Bauch). Und jetzt strengen Sie sich mal ein bisschen an: Was könnte ich dann im Herzen fühlen? Ganz genau so ist es: Ich bin dann traurig, fühle mich ohnmächtig, bin deprimiert.

Das sind jetzt echte Gefühle. Halten wir also zunächst einmal fest: Ein Gefühl kann nur das sein, was in mir drin ist. Und nicht, was jemand anderes tut. Oder, grotesker noch, was ich jemandem unterstelle, das er tut.

Wenn wir von echten Gefühlen sprechen, hat das mehrere Vorteile: Wenn das Gefühl in mir drin ist, dann kann ich auch die Verantwortung dafür übernehmen und auf meine Gefühlswelt Einfluss nehmen. Außerdem kann mir niemand mein Gefühl nehmen. Wenn ich meiner Kollegin sage: »Ich habe das Gefühl, du verstehst mich nicht«, dann kann sie kontern mit: »Ich verstehe dich sehr wohl!« Äußere ich hingegen: »Ich bin enttäuscht« – was sollte sie darauf entgegnen? Soll sie mit dem Fuß auf den Boden stampfen und schnauben: »Das stimmt nicht, du bist gar nicht enttäuscht!« Wenn wir bei uns bleiben, bei unseren echten Gefühlen, dann dürfen wir unsere Gefühle auch behalten.

Wenn Sie sich den Unterschied zwischen echten Gefühlen und Pseudogefühlen im Alltag vergegenwärtigen wollen, dann prägen Sie sich eines der schönsten Beispiele für ein Pseudogefühl ein: »Ich habe das Gefühl, ich rede gegen die Wand.« Was, bitte, hat die Betonmauer außen mit meinem Inneren zu tun, was soll das für ein Gefühl sein?

Beispiele für echte positive Gefühle sind: ausgeglichen, ruhig, entspannt, glücklich, belebt, erregt, glühend, verliebt, frei, dankbar, optimistisch, interessiert. Beispiele für echte negative Gefühle sind: einsam, eifersüchtig, neidisch, ausgehungert, erschöpft, träge, zögernd, depressiv, taub, hilflos, labil, erschrocken, frustriert, ängstlich, nervös.

Damit sind wir auch schon beim nächsten Punkt: Wie kommt es zu dieser Einteilung in »positive« versus »negative« Gefühle? Ganz einfach: »Schubladen« helfen uns grundsätzlich bei der Bewältigung unseres Alltags. Davon war schon weiter oben (»›Blöde Kuh‹ oder ›dumm gelaufen‹? Wie wir uns und den Rest der Welt sehen«, S. 25) die Rede, als es um »Schemata« ging (siehe S. 30). Diese Einteilung in »gute« und »schlechte« Gefühle ist leider auch sehr problematisch. Schauen wir zur Erläuterung zurück in unsere Kindheit: Wenn das Kind gefallen ist, Schmerzen hat und schreit – wie reagiert in der Regel seine Mutter? Sie hebt es auf und sagt Dinge wie »Tut doch gar nicht weh«, »Ist doch gar nicht schlimm« oder »Wird schon wieder besser«. Und was passiert beim Kind? Es entwickelt eine Art Schere im Kopf und im Herzen, erlebt eine Diskrepanz zwischen »Tut sauweh« (wahres Gefühl) und »Tut nicht weh« (Etikett für das Gefühl). Und schon ist der Grundstein gelegt für die Entfremdung von sich selbst!

Die Tendenz zu trösten ist nur allzu gut gemeint (darauf kommen wir noch zu sprechen, siehe S. 94). Sie nützt jedoch wenig und richtet sogar Schaden an: Absicht (Helfen) und Wirkung (Entwicklungsstörung) liegen weit auseinander, ein Phänomen, das in Bezug auf Ratschläge eine ebenso entscheidende Rolle spielt.

Schon ganz am Anfang unseres Lebens lernen wir also: Es gibt Gefühle, die »soll man« haben, und solche, die »soll man« besser nicht haben. Denn mit unserem Alltagsverstand setzen wir das Gefühl mit der Möglichkeit gleich, dieses Gefühl auszuleben. So gilt etwa Wut in unserer Gesellschaft als negatives Gefühl, weil wir es direkt gleichsetzen mit zum Beispiel »jemandem den Schädel einhauen«.

Das allerdings ist vorschnell und trägt dazu bei, dass wir uns in vielen Situationen erst gar nicht mehr trauen, überhaupt unsere Gefühle zu spüren. Wut kann auch einfach »nur« ein Grummeln im Bauch sein, das niemandem schadet. Wichtig ist, dass wir in all unsere Gefühle zunächst einmal hineinspüren, sie kennenlernen, sie zulassen und als Bestandteil unserer Persönlichkeit wertschätzen. Denn wenn wir sie verdrängen, dann wirken sie unbewusst weiter und können uns krank machen. Mehr dazu in dem Kapitel »Wie wir unsere seelischen Abgründe *für* statt gegen uns arbeiten lassen« (S. 193). Im zweiten Schritt können wir dann immer noch überlegen: »Wie möchte ich mich denn gerne oder lieber fühlen?« oder: »Welches Verhalten ist hierzu denn angemessen?« Und dann daran arbeiten. Denn wir haben ja inzwischen erkannt, dass wir unsere Gefühle selbst verantworten und somit auch unseren Gefühlskosmos steuern können.

Damit lässt sich dann auch ganz simpel und umso wirkungsvoller verhindern, dass Frauen zu Heulsusen und Männer zu Gefühlskrüppeln werden. Wenn wir das Schubladendenken abschaffen, unseren Gefühlszugang stärken, zurückhaltender mit unseren Bewertungen »gut« versus »schlecht« werden, dann hat jeder von uns die Chance, so zu sein und zu fühlen, wie sie oder er das will. Dann bekommen unsere Kinder auch seltener Sätze wie »Du alte Heulsuse« oder »Ein Indianer kennt keinen Schmerz« zu hören – überkommene Rollenvorstellungen und überholte Wertmaßstäbe. Und verzichten dann im Sinne der sich selbst erfüllenden Prophezeiung (siehe S. 51) auch eher darauf, so zu werden, wie sie gar nicht sind, wie es ihnen vielleicht nur die Gesellschaft vorschreiben will.

Kurz: Seien Sie, wie Sie sind, fühlen Sie, wie Sie fühlen.

Und lassen Sie jeden sein und fühlen, wie ihm oder ihr zumute ist. (Denn jede Frau wünscht sich doch einen gefühlvollen Mann – oder?)

Holler, I. (2010): *Trainingsbuch Gewaltfreie Kommunikation* (Kap. 4 und 5). Paderborn: Junfermann

Rosenberg, M. B. (2007): *Gewaltfreie Kommunikation: Eine Sprache des Lebens* (Kap. 5 und 6). Paderborn: Junfermann

WER *ZUERST* LACHT, LACHT AM BESTEN

Wie das neurophysiologische
»Facial Feedback« Ihr Leben mit
mehr Freude erfüllen kann

Gehen Sie mal mit dem neuen Gefühlswissen aus dem vorangegangenen Kapitel gedanklich-emotional in folgende Situationen hinein:

- ❏ Sie versemmeln eine Prüfung.
- ❏ Das Vorstellungsgespräch läuft schlecht.
- ❏ Ihr Partner belügt Sie.
- ❏ Ihr Kind hält Sie für eine Rabenmutter oder einen Rabenvater.

Was löst das bei Ihnen aus? Schauen Sie am besten auch mal kurz in den Spiegel: Sie fühlen sich mies, sind deprimiert, lassen den Kopf und die Mundwinkel hängen... Eine natürliche Reaktion. Wir verraten Ihnen, wieso es ausgerechnet in solchen Situationen hilfreich sein kann, gute Miene zum bösen Spiel zu machen.

Wie wir bereits gesehen haben, ist es für die Psychohygiene unheimlich wichtig, einen guten Zugang zu seinem Inneren zu pflegen – sich selbst und seine Gefühle ernst zu nehmen und auch die Befindlichkeiten anderer zu respektieren (siehe vorheriges Kapitel).

Wenn wir das ausreichend getan haben, dann kann der zweite Schritt darin bestehen, aktiv an sich, den eigenen Wahrnehmungen und wünschenswerten Zuständen zu arbeiten. Dazu wollen wir dringend mit volksmundlichem Aberglauben aufräumen – der wagt nämlich zu behaupten: Wer zuletzt lacht, lacht am besten.

Doch wer zuletzt lacht, hat die kürzeste Freude. Die Freude erst macht unser Leben lebenswert. Wir werden gleich sehen, wie einfach sie uns helfen kann.

Das Leben ist, wie es ist. Und unsere Mitmenschen sind, wie sie sind. Einfach zu verändern sind sie – leider – nicht. Oder wann haben Sie zuletzt Ihren Chef verändert? Oder Ihre Schwiegermutter? Ihre Kinder? Also konzentrieren wir uns besser auf uns selbst, unsere eigenen Gedanken und Gefühle. Denn wenn wir selbst uns innerlich wandeln, kann das zumindest einen Wandel im Außen, bei unseren Mitmenschen, begünstigen.

Wünschen Sie sich nicht manchmal auch, morgens gut aus den Federn zu kommen? Ihren Job einfach nur gerne zu machen? Ein Glücksgefühl zu verspüren, wenn Sie das Meeting betreten? In strahlende Gesichter zu schauen, wenn Sie nach Hause kommen? Von Ihren Mitmenschen herzlich empfangen zu werden? Mit ihnen einen offenen und belebenden Austausch zu pflegen? Von allen geachtet zu werden?

Je nachdem, wie bunt es das Schicksal gerade mit Ihnen treibt, mögen Ihnen solche Gedanken vielleicht ein wenig vermessen erscheinen. Bedenken Sie dennoch stets: In Wirklichkeit haben Sie ein Recht darauf!

Freude ist eine schöne Stimmung, ein wohliges Gefühl – in diesem Moment sind alle unsere psychischen Bedürfnisse befriedigt. Sie ist eine spontane, natürliche emotionale Reaktion auf etwas Angenehmes: eine Begebenheit, einen Menschen oder auch eine Erinnerung.

Lachen wiederum ist unser häufigster Ausdruck von Freude und Wohlbefinden. Es entfaltet speziell in der Gemeinschaft mit unseren Mitmenschen seine Wirkung. Die Medizin setzt Lachen sogar als Therapieunterstützung ein. Ja, Lachen *ist* gesund! Wissenschaftliche Untersuchungen belegen: Lachen fördert den Heilungsprozess vieler Krankheiten. Durch das gesteigerte Wohlbefinden wird Stress abgebaut, die Hormonausschüttung stärkt das Immunsystem und beugt so Krankheiten vor. Ferner aktiviert Lachen das Herz-Kreislaufsystem, Zwerchfell, Stimmbänder, Gesichts- und Bauchmuskeln. Das führt unter anderem zu erhöhtem Blutdruck, zu einem Anstieg des Sauerstoffgehaltes im Blut und zu einer Art innerer Massage im Unterbauchbereich. Lachen verringert sogar deutlich die Schmerzempfindung.

All diese Befunde münden in der sogenannten »Facial-Feedback-Theorie«, die der bekannte Psychologe Silvan Tomkins in den 1960ern entwickelte. Sie besagt: Unser eigenes emotionales Erleben hängt auch von unserer Mimik ab. Wir können daher unsere Gefühle durch unsere Mimik selbst beeinflussen und steuern: Wir lachen nicht nur, weil es uns gut geht – wir können es uns auch richtig gut gehen lassen, *indem* wir lachen!

Dazu braucht noch nicht einmal jemand einen Witz zu machen. Denn unsere Mimik ist direkt mit dem Gefühlszentrum verbunden; es reicht aus, dass wir mechanisch die Mundwinkel heben, um unsere Stimmung zu heben. (Die Augen brauchen gar nicht mitzulachen; das ist das Anti-Aging-Lachen.) Schon sorgt unser Gehirn dafür, dass wir gute Gefühle entwickeln. Dieser Effekt ist experimentell nachgewiesen – das ist wirklich sensationell! Und damit haben wir einen ganz simplen und gleichzeitig hocheffektiven Ansatzpunkt gefunden, wie wir jeden Tag aus eigener Kraft ein Stück zu unserem eigenen Glück beitragen können. Probieren Sie es noch heute aus. Formen Sie ein Lächeln mit Ihren Lippen. Gehen Sie mit einem zufriedenen Gesichtsausdruck durch die Welt. Spüren Sie, was sich dadurch tief in Ihrem Inneren abspielt. Sie werden angenehm verblüfft sein.

Und noch etwas: Beobachten Sie mal, wie Ihr neues Verhalten Ihren Umgang mit Ihren Mitmenschen prägt. Sie wissen ja: Lachen und Freude sind ansteckend. Wie man in den Wald hineinruft, und so weiter… Da hat der Volksmund dann doch recht. (Warum das so ist, lesen Sie im nächsten Kapitel, das sich mit der sogenannten selbsterfüllenden Prophezeiung beschäftigt.) Ihr Gegenüber, sei es Ihre Kollegin, Ihr Boss, Ihr Partner, Ihre Freundin, Ihr Nachbar nimmt wahr, dass Sie lächeln oder lachen – und geht dann unbewusst davon aus, dass Sie ein netter und ausgeglichener Mensch sind und dass Ihre Begegnung einen angenehmen und befriedigenden

Verlauf nehmen wird. Diese Erwartung verändert das Verhalten Ihres Gegenübers. Und wer profitiert von der Freundlichkeit, Nettigkeit, Höflichkeit, Wertschätzung und dem Respekt?

Natürlich Sie selbst!

Wer sollte es besser wissen als Charlie Chaplin, der einst sagte: »Ein Tag ohne Lachen ist ein verlorener Tag.«

Strack, F., Martin, L. & Stepper, S. (1988): *Inhibiting and facilitating conditions of the human smile: A nonobtrusive test of the facial feedback hypothesis.* Journal of Personality and Social Psychology, 54, 768–777

Tomkins, S. (1962): *Affect, imagery, consciousness: The positive affects.* New York: Springer

MIT IHREN GEDANKEN KÖNNEN SIE DAS WELTGESCHEHEN STEUERN

Die »selbsterfüllende Prophezeiung« schenkt Ihrem Alltag mehr Macht

Es war einmal... ein Mann, der hatte wahnsinnige Angst vor Krankheiten. Eines Tages ging es ihm so schlecht, dass er gar befürchtete, längst tot zu sein. Völlig aufgelöst lief er zu seiner Frau. Die nahm seine Hände in ihre, lachte nur und sagte liebevoll: »So lange deine Hände noch warm sind, kannst du gar nicht tot sein.« Kurz vor Weihnachten ging der Mann in den Wald, um einen Tannenbaum zu fällen. Als er sich den Schweiß von der Stirn wischt, durchfährt ihn ein Schauer – seine Hände sind eiskalt. Erschrocken legt er seine Arbeit nieder und denkt: »Wozu soll ich noch den Baum hacken? Ich bin doch längst tot!« Traurig legte er sich in den Schnee. »Zum Glück bin ich längst tot, sonst könnte ich das Erfrieren nicht so gut aushalten.«

> Ohne Sie jetzt zum Größenwahn anstiften zu wollen: Denken Sie mal für einen Moment darüber nach, inwieweit Sie mit Ihren Gedanken Einfluss auf das Weltgeschehen nehmen...

Bestimmt haben Sie schon einmal etwas von der sogenannten »selbsterfüllenden Prophezeiung« gehört. Bei der selbsterfüllenden Prophezeiung handelt es sich um eine Vorhersage, die sich *einzig* aufgrund ihrer Existenz erfüllt. Sie ist damit eine besondere Ursache der Folgen, von denen sie handelt.

Wählt man in einem Experiment zum Beispiel willkürlich eine Gruppe von Schülern aus und sagt diesen Schülern, sie gehörten zu den Besten – dann ist ihr Intelligenzquotient am Ende des Schuljahrs tatsächlich messbar gestiegen! Bei der Vergleichsgruppe, der man zuvor nicht eingeredet hat, sie sei besonders gut, ändert sich hingegen nichts. Diesen Effekt hat erstmals der US-Psychologe Robert Rosenthal nachgewiesen, weshalb er auch als »Rosenthal-Effekt« bekannt geworden ist.

Wie funktioniert die selbsterfüllende Prophezeiung? Einen Erklärungsansatz dafür finden wir in der Theorie der kognitiven Dissonanz (mehr dazu in dem Kapitel »Warum wir uns die Welt immer schönreden«, S. 66). Die Schüler sind fleißiger und sorgfältiger, sie passen ganz automatisch ihr Verhalten ihrem Ruf an.

Oft muss uns eine Prophezeiung nicht einmal ausdrücklich mitgeteilt werden. Wir schließen sie selbst aus einem Stereotyp und sorgen dann dafür, dass sich dieses Stereotyp bewahrheitet: So neigen wir gerne zum Verallgemeinern. Auf diese Weise erleichtern wir uns unseren Alltag, denn wir müssen in bestimmten Situationen nicht mehr aufmerksam sein, sondern können unbewusst Schlussfolgerungen auf der Basis unserer Stereotype ziehen (zum Stichwort »Schemata« siehe S. 30). Wissenschaftliche Untersuchungen belegen zum Beispiel: Wir tendieren dazu, körperlich attraktiven Menschen gleichzeitig auch positive psychische Eigenschaften wie Freundlichkeit und Höflichkeit zuzuschreiben. In diesem Zusammenhang ist der sogenannte »Halo-Effekt« bedeutsam (siehe »Aber hallo! Mit dem Halo-Effekt können Sie punkten (und gepunktet werden), S. 111).

Begegne ich im Zug also einer attraktiven jungen und gut gekleideten Dame, so wird unbewusst ein Stereotyp angesprochen. Da ich nun »weiß«, dass ich es mit einer freundlichen und höflichen Dame zu tun habe, verhalte auch ich mich entsprechend zugewandt, eben freundlich und höflich. Und am Ende des Gespräches stelle ich fest: Die Zugbekanntschaft ist tatsächlich freundlich und höflich. Als Folge der Gedanken, des Stereotyps, habe ich selbst entsprechende Verhaltensweisen an den Tag gelegt, die wiederum entsprechende Reaktionen des Gegenübers bewirkt haben. Und damit bewahrheitet sich am Ende die Prophezeiung.

Auch die Kritik an Horoskopen lässt sich mit der selbsterfüllenden Prophezeiung begründen. Sagt mir mein Horoskop zum Beispiel: »Du wirst dir nächste Woche eine Verletzung zuziehen«, dann ist es sehr wahrscheinlich, dass ich vor lauter Angst vor dieser Verletzung so unkonzentriert und fahrig bin, dass ich tatsächlich stolpere oder mich irgendwo stoße.

Ähnlich kann die Gerüchteküche funktionieren und zwar positiv wie negativ: Verkündet jemand zum Beispiel eine falsche Prognose öffentlich, beispielsweise »Nächste Woche geht die ABC-Bank pleite«, dann kann es passieren, dass die bis dahin völlig solide ABC-Bank insolvent wird – weil ihre Gläubiger von einer drohenden Pleite gehört haben und vorsichtshalber alle Gelder abziehen.

Eng verwandt mit der selbsterfüllenden Prophezeiung ist auch der Placebo-Effekt: Die Wirkung eines Präparates, das keinen pharmazeutischen Wirkstoff enthält, ist rein psychischer Natur.

All diese Beispiele geben Aufschluss über die enorme Kraft und Macht unserer Gedanken! Sollte es also trotz der Unkontrollierbarkeit im Leben Kontrollmöglichkeiten geben? (Siehe dazu das Kapitel »›Er steht einfach nicht auf dich‹ – wie wir für alles eine Erklärung finden«, S. 138)

Wenn wir Negatives bewirken können, so ist es auch möglich, Positives herbeizuführen, unser Sein aktiv zu gestalten. Das können wir für unsere Zufriedenheit und unser Glücklichsein bestmöglich nutzen: Probieren Sie es einmal selbst aus. Fassen Sie jeden Morgen, bevor Sie in den Tag starten, einen Vorsatz – zum Beispiel: »Heute begegnen mir nur nette Menschen!«, »Dieser Tag ist auf Erfolg programmiert!« oder »Ich bin von Herzen glücklich!«.

Auch gegenüber anderen Menschen können Sie die selbsterfüllende Prophezeiung nutzen. Denken Sie an das eingangs erwähnte Experiment mit den Schülern: Wenn Sie möchten, dass jemand eine bestimmte Eigenschaft an den Tag legt, dann loben Sie ihn einfach schon jetzt für diese Eigenschaft – die Realität wird sich anpassen! Der Gelobte ist so stolz auf die (zunächst ja nur vermeintliche) positive Eigenschaft, dass er in Zukunft ganz genau darauf achten wird, diesem Lob auch gerecht zu werden. Sonst hat er eine unschöne kognitive Dissonanz (siehe S. 66). Möchten Sie also, dass Ihre Mitarbeiterin etwas freundlicher mit Kunden umgeht, dann sagen Sie einfach: »Frau Soundso, ich bewundere wirklich, wie einfühlsam Sie immer mit unseren Kunden reden. Das macht Ihnen so schnell keiner nach.«

Wetten, dass sich was verändert?

Biggs, M. (2009): »Self-fulfilling Prophecies.« In: Bearman, P. & Hedström, P. (Hrsg.): *The Oxford Handbook of Analytical Sociology* (Kap. 13). Oxford: University Press

Ferraro, F. & Sutton, J. (2005): *Economics Language and Assumptions: How Theories can become Self-Fulfilling.* Academy of Management Review, 30, 8–24

WIE SIE IHREN SEX WIEDER INTERESSANTER MACHEN (UND ALLES ANDERE AUCH ...)

Mit »Wahrnehmungskategorisierung« wird Ihr Leben aufregender

Wie oft haben Sie momentan Sex mit Ihrem Partner?
- ❏ Wir schaffen leider nur einmal pro Stunde, müssen ja zwischendurch auch mal was essen und ein wenig arbeiten...
- ❏ Einmal pro Woche.
- ❏ Sex? Müsste ich mal bei Wikipedia nachschlagen, was das noch gleich war...
- ❏ Ich habe gar keinen Partner – aber meinem Sexleben geht's prima, danke der Nachfrage.

Wenn Sie sich länger als zwei Jahre kennen und immer noch die erste Antwort gewählt haben, dann melden Sie sich bitte bei uns – wir suchen ständig neue Forschungsobjekte... Die meisten von Ihnen werden in der Antwortreihe jedoch umso weiter nach unten gehen müssen, je länger Sie sich kennen. Irgendwann kann das dann dazu führen, dass unser gesamter Freundeskreis uns um unseren Partner beneidet und gern mit ihm ins Bett hüpfen würde – nur wir selber, im heimischen Schlafzimmer, finden es spannender, nebeneinander vor dem Schlafengehen den Aldi-Prospekt zu lesen.

Wie kommt es zu diesem tragischen Befund? Und was können wir daran ändern?

Nun, zunächst müssen wir auf den unerfreulichen Umstand hinweisen, dass alle Menschen an Attraktivität verlieren, wenn sie älter werden. Sorry, das können auch wir nicht für Sie ändern. Das spielt besonders bei wirklich sehr langen Beziehungen eine Rolle (für Großstädter: »sehr lang« bedeutet ab 20 Jahren, nicht ab 20 Stunden).

Der Hauptgrund dafür, dass die sexuelle Attraktivität in Beziehungen mit der Zeit abnimmt, ist aber die Habituation – die lähmende Macht der Gewöhnung. Wir haben sie bereits im zweiten Kapitel kennengelernt (S. 20). Sie setzt leider nicht erst nach 20 Jahren ein, sondern bereits beim allerersten Mal. Deshalb ist unser Partner bereits ab diesem Zeitpunkt begehrenswerter für Menschen, die ihn noch nicht im Bett hatten, als für uns selber. Leider. Und das wird schlimmer, von Mal zu Mal. Mit jeder Wiederholung werden die Dinge für uns weniger interessant.

Doch wann »wiederholen« sich Dinge eigentlich?

Die Wissenschaft hat darauf eine überraschende Antwort parat: Wie oft wir ähnliche Tätigkeiten als Wiederholungen wahrnehmen, hängt von uns selber ab, genauer gesagt von den Kategorien, die wir in unserem Kopf bilden.

Lesen Sie dazu dieses interessante Experiment: Man lässt Menschen Bonbons probieren. Die Bonbons haben verschiedene Geschmacksrichtungen. Auf einem Computerbildschirm zeigt ein Zählwerk jedem Probanden an, wie viele Bonbons er schon gegessen hat. Dabei gibt es aber zwei Gruppen: In der einen bekommt jeder Proband nur eine einheitliche Zahl der verspeisten »Bonbons« angezeigt. In der anderen unterscheidet das Computerzählwerk nach Geschmacksrichtungen – angezeigt werden die Anzahl der gegessenen »Kirschbonbons«, »Orangenbonbons«, »Kiwibonbons«. Bei jedem Bonbon sollen die Probanden beurteilen, wie sehr sie es genossen haben. Das Ergebnis: Wer mehr Unterkategorien angezeigt bekommt, empfindet bei jedem einzelnen Bonbon einen größeren Genuss als derjenige, der nur über die Gesamtzahl der verspeisten Bonbons informiert wird.

Dabei schmecken die Bonbons doch objektiv gleich gut! Wie kann ein bloßes Zählwerk einen solchen Unterschied machen?

Wer in unterschiedlichen Kategorien zählt, konzentriert sich auf die Unterschiede der einzelnen Geschmacksrichtungen und erlebt auf diese Weise weniger Wiederholungen. Die Probanden der Vergleichsgruppe hingegen empfinden die Bonbons schneller als langweilig, weil der Computer alle Bonbons in der gleichen

Kategorie zählt und für sie daher alle Bonbons gleich sind. Für sie ist das Lutschen jedes einzelnen Bonbons nur eine Wiederholung, die Gewöhnung raubt ihnen das Glücksgefühl.

Was bedeutet das für uns und unseren gewöhnlichen (Sex-)Alltag? Wir können den Gewöhnungseffekt dadurch mindern, dass wir auf Details achten und feinere Unterkategorien bilden. Der Sex bleibt also frischer, wenn Sie gerade nicht jede intime Begegnung plump als »Sex« einordnen, sondern differenzieren und zum Beispiel Unterkategorien bilden wie »Frühstücksquickie«, »Telefonsex«, »Badewannenkuscheln«, »Aufwachgruß«, »Gutenachtkuss«.

Und was für den Sex gilt, lässt sich auch auf alles andere übertragen: Nehmen wir an, Sie haben sich vorgenommen, dreimal pro Woche »Sport« zu machen. Sie schaffen das aber nicht, weil es Sie langweilt; jede Woche denken Sie nach dem ersten Mal: »Sport habe ich diese Woche doch schon gemacht.« Bilden Sie Unterkategorien! Gehen Sie montags zum »Schwimmen«, mittwochs zum »Muskeltraining« und freitags zum »Joggen«. Wenn Gartenarbeit Sie langweilt, schreiben Sie sich keinesfalls in den Kalender: »15 – 18 Uhr Gartenarbeit«. Planen Sie stattdessen von »15 – 16 Uhr Rosen schneiden«, von »16 – 16.30 Uhr Rasen mähen« und von »16.30 bis 18 Uhr im Gartencenter Frühlingsblumen aussuchen«. Schon haben Sie Ihr Leben spannender gemacht – dieser Effekt ist mehrfach experimentell nachgewiesen!

Möchten Sie hingegen eine Tätigkeit für sich weniger

interessant machen, hilft der umgekehrte Trick: Bilden Sie gröbere Kategorien! Lautet Ihr Vorsatz zum Beispiel, weniger zu essen, dann denken Sie nicht: »Vorhin habe ich ein Putensteak zu Mittag gegessen, jetzt kommt noch was ganz anderes zwischendurch, nämlich ein Schokoriegel.« Sagen Sie sich: »Vorhin habe ich Essen zu mir genommen. Jetzt nehme ich nicht schon wieder Essen zu mir. Das wäre doch langweilig.«

Redden, J. P. (2008): *Reducing Satiation: The Role of Categorization Level*. Journal of Consumer Research, 34, 624–634

WORAN DIE MEISTEN BEZIEHUNGEN SCHEITERN

Wie Sie das aktive Zuhören aus der Psychotherapie nutzen können, um Ihr Miteinander zu kitten

Ohne Ihnen Ihre gute Laune verderben zu wollen (es dient ja einem höheren Zweck): Denken Sie mal zurück an die letzte Auseinandersetzung, die Sie mit jemandem hatten – in Ihrer Partnerschaft, Familie, im Kollegen- oder Freundeskreis.

- Was wollten Sie? Was war Ihre Meinung? Was war Ihnen wichtig?
- Was wollte Ihr Gegenüber? Was war *seine/ihre* Meinung? Was war *ihm/ihr* wichtig?

Die Antwort auf die erste Frage wissen Sie noch ganz genau, stimmt's?

Wie sieht es bei der zweiten Frage aus? Da wird es schon schwieriger. Warum – und warum ist das nicht hilfreich?

Die meisten Menschen erinnern sich nach einer Auseinandersetzung nicht mehr so gut daran, was der andere eigentlich genau wollte. Oft sagen wir uns das sogar schon während einer Diskussion direkt ins Gesicht: »Ich verstehe gar nicht, was du überhaupt willst.« Ist das denn so schlimm?, fragen Sie sich nun vielleicht. Ich möchte ja meine eigene Position durchsetzen und mir gerade nicht die Position meines Gegenübers aufdrücken lassen.

Die kurze Antwort: Es ist verheerend! An diesem Punkt scheitern die meisten Ehen – und eine gute Zusammenarbeit im Job. Denn bei der Arbeit führen wir – funktional betrachtet – letztlich auch lauter kleine »Ehen«: mit unserem Chef, den Kolleginnen, den Stammkunden... Und die meisten dieser Beziehungen scheitern – leider – an Banalitäten.

Das ist natürlich tragisch! Hat aber gleichzeitig den großen Vorteil, dass wir selbst etwas gegen das Scheitern unternehmen können, wenn wir ein paar ganz einfache Grundregeln beherzigen. Schauen wir uns die Zusammenhänge an.

Machen wir zu Beginn einen kleinen Test, den sogenannten »Todesstrafe-Test«: Wir behaupten, wir können zu 100 Prozent verstehen, weshalb Menschen die Todesstrafe befürworten! Was glauben Sie, liebe Leserinnen und Leser: Was spricht grundsätzlich für die Todesstrafe?

Wenn wir diese Frage auf unseren Veranstaltungen stellen, dann kommen ganz schnell Argumente wie: »Vermindert das Rückfallrisiko«, »Kostenersparnis« oder

»Abschreckung«... Und unter uns: Stellen wir uns einen Menschen vor, der vielleicht durch eine Gräueltat eine nahestehende Person verloren hat und jetzt emotional völlig außer sich und traumatisiert ist. Da verstehen wir doch absolut, dass dieser Mensch nach Genugtuung trachtet.

Nun kennen wir uns möglicherweise noch nicht persönlich, aber vielleicht haben Sie durch die Lektüre unserer anderen Bücher schon ein bestimmtes Bild von uns gewonnen. Was glauben Sie: Zu wie viel Prozent akzeptieren und befürworten wir (Volker Kitz und Manuel Tusch) die Todesstrafe? Wir verraten es Ihnen: Gar nicht! Null Prozent. Wir sind ganz und gar gegen die Todesstrafe.

Und damit wird etwas ganz Entscheidendes deutlich: Wir Menschen sind in der Lage, einen Standpunkt zu 100 Prozent zu *verstehen* – und gleichzeitig zu null Prozent zu *akzeptieren*. Wie eine Art Schere im Kopf.

Leider geht uns diese simple und gleichzeitig essenzielle Erkenntnis so was von ab. Unser folgenschweres Miss*verständ*nis im Miteinander besteht darin, dass wir Zuhören und Zustimmen, Verstehen und Einverstandensein mit unserem Alltagsbewusstsein gleichsetzen. Das erschwert die Empathie (siehe auch das Kapitel »In guten oder schlechten Zeiten? Wie wir am leichtesten einen Gefallen erwiesen bekommen«, S. 184) und führt dazu, dass wir in den seltensten Fällen wirklich und aufrichtig zuhören. Aus Angst, wir müssten auch direkt zustimmen. Denn das hätte ja zur Folge, dass wir unseren Standpunkt aufgeben, etwas »fressen«, Zugeständnisse machen müssten. Wir verlören etwas. Das täte weh.

Grob falsch!

Wenn wir uns öfter mal klarmachen, dass das Zuhören an sich ein völlig harmloser – ja sogar hilfreicher! – Vorgang ist, dann sind wir viel besser in der Lage, unser Gegenüber kennenzulernen, ihm nahe zu kommen, eine Beziehung aufzubauen.

Also: Wenn Sie das nächste Mal eine Auseinandersetzung haben, sei es zu Hause, bei der Arbeit, unterwegs, dann denken Sie an den Unterschied zwischen Zuhören und Zustimmen, Verstehen und Einverstandensein – erinnern Sie sich an die Schere im Kopf. Vollziehen Sie die Argumente Ihres Gegenübers nach, gehen Sie ein Stück weit in seinen Schuhen, denken und fühlen Sie sich ein. Danach dürfen Sie dann Ihre Argumente ausbreiten. Und sollte sich dann immer noch ein Konflikt ergeben, dann erfahren Sie später (in dem Kapitel «Warum wir Konflikte brauchen wie die Luft zum Atmen», S. 177), wie Sie ihn auflösen und für Sie und Ihr Gegenüber gemeinsam nutzbar machen können.

Bay, R. H. (2010): *Erfolgreiche Gespräche durch aktives Zuhören* (Kap. 1, 3, 5 und 6). Renningen: Expert Verlag

WARUM WIR UNS DIE WELT IMMER SCHÖNREDEN

Mit der Dissonanztheorie aus der Kognitionsforschung erreichen Sie ganz viel – ohne sich selbst anstrengen zu müssen

Sie haben sich ein paar neue Schuhe gekauft. Dem Ärger mit dem Chef folgte diese Frusttat: Rasch rein in den Laden, besser nicht über die Miesen auf dem Konto nachgedacht. Um zu Hause zu allem Überfluss feststellen zu müssen, dass Ihre Füße doch nicht in Größe 38 passen, obwohl Sie es immer schon gerne so hätten. Zumal es das letzte Paar im Laden war. Der Schuh drückt – doch den Kassenbon haben Sie sicherheitshalber unmittelbar nach Verlassen des Geschäfts auf Nimmerwiedersehen in einem anonymen städtischen Mülleimer beerdigt. Kein Hinweis sollte Sie jemals daran erinnern, dass Pumps den Wert eines halben Monatsgehaltes haben können …
Was geht jetzt in Ihnen vor?

❏ Verdammt, muss ich denn immer so unverantwortlich handeln? Ich hätte doch wissen müssen, dass die Schuhe nicht passen. Das ist doch seit 37 Jahren nun wirklich nichts Neues. Und wie konnte ich nur so blöd sein, den Zettel wegzuschmeißen – jetzt kann ich sie nicht mal mehr umtauschen!

❏ Bestimmt sind meine Füße nach so einem langen Tag nur geschwollen, gerade heute war ich ja besonders viel auf den Beinen. Morgen passen die bestimmt wieder. Und außerdem: Genau so ein Paar wollte ich schon immer haben, allein deswegen hat es sich gelohnt…

Wissenschaftliche Studien belegen: Die meisten Menschen würden die zweite Antwort wählen. Wie kommt es, dass wir uns gerne mal was vormachen und uns die Welt nach Belieben schönreden? Dass Frau Schneider ihren Mann immer noch attraktiv findet – obwohl er seit der Hochzeit vor 38 Jahren sein Gewicht mehr als verdreifacht hat und auf dem Rücken mehr Haare als auf dem Kopf trägt? Dass wir unsere Kinder lieben – obwohl sie uns die Haare vom Kopf fressen und beim Quälgeisterwettbewerb den ersten Platz belegen? Wie kann es sein, dass wir jeden Tag aufs Neue den Chef und die Kolleginnen freundlich ertragen – obwohl wir von unserem Irrenhaus »Firma« längst die Schnauze voll haben müssten?

Die Erklärung liegt in uns selbst: Ein grandioser psychischer Mechanismus hilft uns, alles durch die rosa Brille sehen und damit überleben zu können. Entdeckt hat ihn der amerikanische Psychologe Leon Festinger 1957. In seiner Theorie der »kognitiven Dissonanz« geht es um »gedanklichen Missklang«. Sie besagt, dass miteinander unvereinbare Kognitionen – also Gedanken, Meinungen und Wünsche – einen inneren Konflikt erzeugen. Typische Dissonanzen – also Missklänge – treten auf, wenn neue Gedanken der bisherigen Meinung widersprechen oder neue Informationen eine bereits getroffene Entscheidung als falsch entlarven. Da wir den Wunsch nach gedanklicher Harmonie haben, missachten wir unangenehme Neuigkeiten oder entwickeln neue, angenehme Gedanken.

Nehmen wir folgendes Beispiel: Wenn ich rauche, dann bin ich mir dessen bewusst. Gleichzeitig weiß ich: Rauchen schadet meiner Gesundheit und belästigt meine Mitmenschen. Diese gegensätzlichen Gedanken erzeugen einen Missklang. Wie kann ich nun gedankliche Harmonie erzeugen? Ich kann das Rauchen natürlich aufgeben, was gar nicht so leicht ist, wie Sie vielleicht aus eigener Erfahrung wissen. Welche Möglichkeiten habe ich also noch? Ich kann harmonische Gedanken in Bezug auf das Rauchen entwickeln, beispielsweise »Rauchen entspannt« oder »Ich kenne Leute, die haben geraucht und sind über 90 Jahre alt geworden.« Diese Argumente wiegen den Missklang auf – ich kann weiterrauchen und bin mit mir und der Welt im Einklang.

Folgendes Experiment verdeutlicht sehr schön den Mechanismus dieser Dissonanzreduktion: Man lädt zwei Gruppen von Versuchspersonen zu einer Gruppendiskussion über Sexualität ein. Im Vorfeld muss jeder Proband eine Art »Aufnahmeprüfung« absolvieren. In der einen Gruppe ist diese »Prüfung« schwierig: Die Versuchspersonen sollen dem Versuchsleiter Anzüglichkeiten vorlesen – jedoch ohne zu stocken und zu erröten. In der anderen Gruppe hingegen ist sie leicht: Die Versuchspersonen sollen harmlose Worte vorlesen. Im Anschluss daran nehmen beide Gruppen über Lautsprecher an einer »Diskussion« zum Thema Sexualität teil. Diese Diskussion ist absichtlich so uninteressant und langweilig wie nur irgend möglich gestaltet, gewissermaßen reine Zeitverschwendung. Danach sollen die Kandidaten die Diskussion bewerten. Was glauben Sie – wer fand sie schlechter?

Der Alltagsverstand würde sofort sagen: Diejenigen mit der schweren Aufnahmeprüfung ärgern sich am meisten über die vergeudete Zeit und bewerten die Diskussion am schlechtesten.

Doch das Gegenteil ist der Fall: Die Probanden mit der schwierigen Aufnahmeprüfung haben den größten Missklang, die stärkste Dissonanz in ihrem Kopf. Sie wissen: »Ich habe eine schwierige Aufnahmeprüfung absolviert und wurde mit einer langweiligen Diskussion ›gestraft‹.« Die Prüfung ist nicht mehr rückgängig zu machen, die Diskussion hingegen kann jederzeit neu bewertet werden. Also sagen sie sich innerlich: »Die Prüfung war wirklich schwierig, aber ich wurde durch eine spannende und interessante Diskussion dafür entschädigt.« Und schon herrscht wieder gedankliche Harmonie.

Die Personen mit der leichten »Aufnahmeprüfung« hingegen empfinden erst gar keinen Missklang. Sie wissen: »Ich habe nicht viel investiert, ich habe nicht viel bekommen – völlig okay so.«

Dieses Phänomen nennen wir in der Fachsprache auch die »Rechtfertigung des Aufwandes«. Je mehr wir in etwas investieren, desto stärker entwickelt sich unsere Wertschätzung für das entsprechende »Objekt«. Alltagssprachlich ist uns die »Rechtfertigung des Aufwandes« unter der Formulierung »Was nichts kostet, ist nichts wert« geläufig.

Beobachten lässt sich das Phänomen auch bei strengen Numerus-Clausus-Studiengängen, bei denen man nur mit sehr guter Abiturnote oder sehr vielen Wartesemestern einen Studienplatz bekommt. Wie gut die Note sein muss, richtet sich aber allein nach Angebot und Nachfrage, also danach, wie viele Bewerber es pro Studienplatz gibt. Je größer der Andrang, desto stärker wird ausgesiebt und desto besser muss die Note sein – ohne dass dies in irgendeinem Zusammenhang damit stünde, wie anspruchsvoll das Studium ist und ob man wirklich ein Einser-Abitur braucht, um es erfolgreich absolvieren zu können (selbstverständlich braucht man das nicht ...). Trotzdem empfinden diejenigen, die nach diesen harten Kriterien einen Studienplatz ergattern, ihr Studium dann nicht selten auch als besonders anspruchsvoll.

Auch in der Familie rechtfertigen wir den »Aufwand« oft, indem wir kognitive Dissonanz reduzieren – und gerade Partnerschaften und Kinder verlangen uns ja oft ganz erhebliche Investitionen ab. Für Frau Schneider ist es einfacher, ein bisschen an ihren Gedanken zu drehen, anstatt sich scheiden zu lassen: »Was soll ich mit einer Bohnenstange – ist doch viel besser, er hat was auf den Rippen, da hat man wenigstens was zum Anfassen«, denkt sie. Schon ist die Welt wieder in Ordnung. »Und unsere Kleinen – die sind ja sooo süß«, reden wir uns gut zu. Erspart uns den Gang zum Adoptionsbüro. Das Gleiche gilt für unseren Chef und die Kolleginnen.

Und was raten wir Ihnen, liebe Leserinnen und Leser? Verdrängen Sie ganz schnell, was Sie hier gelesen haben. Diese Informationen sind gefährlich und können Ihr Weltbild ins Wanken bringen! Sonst liegen Sie schneller auf der Couch, als Ihnen lieb ist…

PS: Mehr zum Thema »Weltbild« auf S. 231

Aronson, E. & Mills, J. (1959): *The effect of severity of initiation on liking for a group.* Journal of Abnormal and Social Psychology, 59, 177–181

Egan, L.C., Santos, L.R. & Bloom, P. (2007): *The Origins of Cognitive Dissonance. Evidence From Children and Monkeys.* Psychological Science, 18, 978–983

Festinger, L., Irle, M. & Möntmann, V. (1978): *Theorie der kognitiven Dissonanz.* Bern: Huber

WIE SIE DURCH ESSEN ABNEHMEN UND WIE SIE EINEN FLUGZEUGABSTURZ ÜBERLEBEN

Mit der gedächtnispsychologischen Imagination können Sie sich auf Erfolg programmieren

Die Mandel-Marzipan-Nougat-Schokolade mit einem Anteil echter frischer Sahne – lecker lächelt sie uns an in der Auslage der Kantine, direkt an der Kasse platziert. Und lecker schaut sie auch noch aus in unseren Gedanken, wenn wir schon längst wieder zurück in unserem Büro sind. So lecker, dass uns das Wasser im Mund zusammenläuft, bis wir schließlich aufgeben und noch mal schnell in die Kantine laufen. Kurz vor drei, sie hat gerade noch auf, wir schieben erleichtert gleich zwei Tafeln der Mandel-Marzipan-Nougat-Schokolade mit dem Anteil echter frischer Sahne zum Kassierer. Damit sich der Weg gelohnt hat.

> Doch das war gestern. Heute soll uns das nicht passieren! »Gar nicht erst den Gedanken an Essen aufkommen lassen«, haben wir in dem fliederfarbenen Kasten mit den »10 Tipps für die Bikinifigur – so klappt's diesmal wirklich« in einer Zeitschrift gelesen. Und die Bikinifigur wollen wir natürlich. Und zwar pünktlich.
>
> Also denken wir tunlichst nicht an die Schokolade, lenken unsere Aufmerksamkeit auf Dinge, die uns auf den Boden der Tatsachen zurückbringen sollen, weit weg von jeder Süßigkeit: auf das verdreckte Katzenklo der Nachbarn zum Beispiel oder das nässende Fuß-Furunkel der Oma.
>
> (Liebe Männer, wenn Ihnen die Geschichte nicht bekannt vorkommt: Ersetzen Sie »Mandel-Marzipan-Nougat-Schokolade mit einem Anteil echter frischer Sahne« durch »800-Gramm-T-Bone-Steak mit einer dreifachen Portion Kräuterbutter« und »Bikinifigur« durch »Waschbrettbauch«.)
>
> Doch für Männer wie Frauen gilt: Wir sollten eigentlich nicht weniger, sondern viel *mehr* an das gute Essen denken, wenn wir weniger essen wollen...

Richtig ist zunächst: Der Gedanke an gutes Essen steigert den Appetit. Stellen wir uns vor, wie gutes Essen aussieht, duftet, wie wir es serviert bekommen, auf dem Teller liegen haben, dann läuft uns tatsächlich das Wasser im Mund zusammen. Und das Verlangen steigt.

Unseren Appetit können wir aber wieder zügeln, wenn wir an diesem Punkt nicht aufhören, an das Essen zu denken – sondern erst richtig *anfangen*: Wenn wir uns in allen Farben, Düften und Geschmacksrichtungen ausmalen, wie wir die Mandel-Marzipan-Nougat-Schokolade mit einem Anteil echter frischer Sahne (oder das 800-Gramm-T-Bone-Steak mit einer dreifachen Portion Kräuterbutter) in den Mund führen, kauen, schlucken, genießen.

Wenn Sie das machen, werden Sie in Wirklichkeit weniger essen! Das ist experimentell nachgewiesen: Man lässt Menschen einer Versuchsgruppe sich vorstellen, wie sie hintereinander 30 Schokobonbons essen. Eine andere Gruppe isst in Gedanken nur drei Schokobonbons; eine dritte Gruppe denkt an etwas ganz anderes, das gar nichts mit Nahrung zu tun hat. Danach serviert man allen Probanden Schokobonbons, von denen sie so viele essen können, wie sie wollen. Das Ergebnis: Wer in Gedanken bereits 30 Schokobonbons verspeist hat, lässt die Hälfte der echten Bonbons zurückgehen. Er isst weniger als jemand, der vorher nur drei imaginäre Schokobonbons verspeist hat, und *viel* weniger als jemand, der vorher gar nicht an Schokobonbons gedacht hat. Wichtig ist, dass sich die Probanden in allen Einzelheiten vorstellen, wie sie die Schokobonbons tatsächlich *essen* – nicht nur, wie sie appetitlich vor ihnen liegen.

Den Grund für dieses Verhalten haben wir bereits in dem Kapitel »Warum Sie sich bei schönen Dingen öfter mal unterbrechen lassen sollten« (S. 20) kennengelernt: die Habituation. Sie führt auch beim Essen dazu, dass der erste Biss der schönste ist und alle weiteren Bissen immer weniger attraktiv werden. Das Experiment zeigt:

Schon die bloße – realistische – Vorstellung, etwas zu tun, hat einen Gewöhnungseffekt. Stellen wir uns etwas nur oft genug vor, so ist es bereits weniger interessant geworden, bevor wir es überhaupt zum ersten Mal tatsächlich tun. Auf diese Erkenntnis kann man einen schönen Diätplan aufbauen.

Die Erkenntnis hilft aber auch Menschen, die ihr Essverhalten gar nicht beeinflussen wollen. Wir hatten ja schon festgestellt, dass die Habituation auch eine wichtige Voraussetzung dafür ist, dass wir lernen können. Können wir den Gewöhnungseffekt also bereits gedanklich erzielen, können wir ein bestimmtes Verhalten allein dadurch erlernen, dass wir es uns nur oft genug und genau genug vorstellen. Vor einer Prüfung hilft es zum Beispiel, den Prüfungsort schon einmal aufzusuchen, dort Platz zu nehmen und in Gedanken die Prüfung zu durchlaufen. Wer das oft genug macht, wird die echte Prüfung wie ein alter Hase absolvieren – auch wenn er noch nie in einer entsprechenden Prüfungssituation war.

Und befragt man nach Flugzeugabstürzen einen der raren Überlebenden, so stellt sich regelmäßig heraus: Diese Menschen haben sich vorher in Gedanken (warum auch immer) wieder und wieder vorgestellt, wie sie einen Flugzeugabsturz erleben, wie sie reagieren, sich schützen und das Flugzeug verlassen. Denken Sie bei Ihrem nächsten Flug daran, wenn Sie mal wieder genervt Zeitung lesen, während das Bordpersonal sich abrackert, um Ihnen zum x-ten Mal zu erklären, wie Sie die Sauerstoffmaske anlegen sollen. Eine kleine mentale Mitmachübung könnte Ihnen vielleicht einmal das Leben retten.

Morewedge, C.K., Huh, Y.E. & Vosgerau, J. (2010): *Thought for Food: Imagined Consumption Reduces Actual Consumption.* Science, 330, 1530–1533

SIE HABEN DIE WAHL: BLEIBEN SIE EWIG JUNG – ODER RETTEN SIE IHRE EHE

Wie Sie den entwicklungspsychologischen Egozentrismus überwinden, um ganz Sie selbst zu sein

Stellen Sie sich vor: unruhige Nacht, schlecht geschlafen, gewälzt von einer Seite auf die andere, geschwitzt bis zum Gehtnichtmehr. Am nächsten Morgen wachen Sie auf und – oh Schreck – Ihr Halsumfang beträgt plötzlich das Dreifache des Üblichen. Und Ihre Füße (die Sie folglich kaum sehen können) sind übersät mit suppentellergroßen blauen und grünen Pocken.

Geistesgegenwärtig rufen Sie Ihre Hausärztin an. Bitten verzagt-verzweifelt darum, mal eben dazwischengeschoben zu werden. Die Sprechstundenhilfe am anderen Ende der Leitung bedauert: »Alles voll hier, geht leider nicht.«

Wie reagieren Sie?

- »Ich wünsche Ihnen die Pest an den Hals!«
- »Ja, aber es dauert doch nur drei Minuten.«
- »Naja, ist vielleicht auch gar nicht sooo schlimm – ich warte noch mal 14 Tage. Wenn es dann nicht besser ist, rufe ich vielleicht noch mal an...«

Die meisten Menschen wählen Antwort zwei. »Ja, aber es dauert doch nur drei Minuten.«

Und wissen Sie was? Daran scheitern die meisten Ehen. (Richtig wäre übrigens gewesen: »Ich bin privat versichert.«)

Was, bitte, ist so tragisch an der zweiten Antwort? Ganz einfach: Es handelt sich um eine sogenannte »egozentrische« Argumentation.

Egozentrismus ist ein entwicklungspsychologisches Phänomen, das der berühmte Entwicklungsforscher Jean Piaget untersucht hat. Nicht zu verwechseln mit Egoismus, der sehr negativ behafteten Ich-Bezogenheit. Es handelt sich »lediglich« um die Unfähigkeit, eine andere Perspektive, einen anderen Standpunkt einzunehmen – sowohl gedanklich als auch gefühlsmäßig. Piaget hat dieses Phänomen bereits im sehr frühen Kindesalter (seiner Probanden, nicht seiner selbst) mit Hilfe des sogenannten »Drei-Berge-Versuchs« erforscht:

Er stellte Kinder vor eine Modelllandschaft und fragte sie: »Was siehst du?« Die Kinder antworteten: »Links ist ein großer Berg, in der Mitte ein mittlerer Berg und rechts ein kleiner Berg.« Piaget sagte: »Gut und jetzt klettere in Gedanken mal auf den linken großen Berg, wenn du dann in der Vorstellung da oben stehst – von da oben aus betrachtet: Was siehst du?« Die Kinder antworteten: »Links ist ein großer Berg, in der Mitte ein mittlerer Berg und rechts ein kleiner Berg.« Sie waren also (und sind es in diesem Alter immer) unfähig, im Geiste eine andere Perspektive einzunehmen! Denn eigentlich müssten sie ja antworten: »Ich sehe zwei kleinere Berge unter mir.«

Nun sind Sie zwar vermutlich kein Kleinkind mehr, denn immerhin können Sie diesen Text schon lesen. Dennoch besteht eine gewisse Wahrscheinlichkeit, dass auch Sie kleinkindlich-egozentrisch ticken. Insbesondere wenn Sie – wie die meisten Menschen – Antwort zwei gewählt haben.

Versetzen Sie sich nämlich gedanklich und gefühlsmäßig in Ihre Hausärztin hinein, dann stellen Sie aus deren Perspektive fest: Just an diesem Morgen haben bereits 15 weitere, arme, dickhalsige, pockenfüßige und verzweifelte Patientinnen und Patienten angerufen, die alle »nur mal eben für drei Minuten« dazwischengeschoben werden wollten. Und die jetzt das Wartezimmer komplett übervölkern.

Drei Minuten aus Ihrer Sicht. 15 x 3 = 45 Minuten, die die Ärztin bereits in Verzug ist.

Das ist Egozentrismus: Ich sehe alles nur aus meiner Perspektive.

Das Gegenteil von Egozentrismus ist die »Empathie«, das Mitdenken und Mitfühlen mit den anderen, davon wird später (in dem Kapitel »In guten oder schlechten Zeiten? Wie wir am leichtesten einen Gefallen erwiesen bekommen«, S. 184) noch ausführlicher die Rede sein.

Und damit sind wir wieder bei der Ehe: Die meisten Ehen scheitern, weil keine Empathie für den anderen da ist. Wir neigen dazu, immer alles egozentrisch von unserem eigenen Standpunkt aus zu betrachten und berücksichtigen dabei gar nicht, dass der andere möglicherweise eine eigene, andere Perspektive hat. Die aus seiner Sicht genauso berechtigt ist wie unsere aus unserer eigenen Sicht. Die Folge: Wir hören nicht zu, wir verstehen nicht, es kommt zu Missverständnissen... am Ende stirbt die Liebe.

Einziger Vorteil: Im Geiste bleiben wir ewig jung – wie das kleinste Kleinkind. Sollten Sie Ihre Ehe retten wollen, dann tun Sie gut daran, Ihren Egozentrismus zu überwinden und dann und wann mal ein Stück weit in den Schuhen des anderen zu gehen. Das bedeutet so viel wie Perspektivenübernahmen, das sich Eindenken und Einfühlen in den anderen. Sie lernen die Perspektive Ihres Gegenübers, Ihres Partners neu und anders kennen. Dann können Sie auch viel besser verstehen, wie er tickt, was er meint. Und dass das *Verstehen* eines Standpunktes Ihnen erst mal nicht schadet, weil es noch lange nichts mit *Akzeptieren* zu tun hat, das wissen wir ja schon von der Schere im Kopf (siehe S. 62). Meistens zeigt sich: Was zum Problem oder Konflikt beigetragen hat, war gar nicht zwangsläufig persönlich, geschweige denn böse gemeint. Es war nur ein Missverständnis, das durch mangelnde Empathie zustande kam.

Testen Sie's und schlüpfen Sie gedanklich in die Schuhe Ihres Gegenübers – es wirkt wirklich Wunder!
(Und auch eine gute Ehe kann ja jung halten.)

Borke, H. (1971): *Interpersonal perception of young children: Egocentrism or empathy?* Developmental Psychology, 5, 263–269
Piaget, J. (1992): *Das Weltbild des Kindes.* München: Deutscher Taschenbuch Verlag

»ZUM GLÜCK SIND WIR NICHT SO WIE DIE MÜLLERS...« – ODER DOCH?

Tricksen Sie die Überlegenheitsillusion aus, um zu einer realistischeren Wahrnehmung zu kommen

Nach der Party bei Freunden, leicht angetrunken liegen Sie mit Ihrer Partnerin zu Hause im Bett.
»Hast du gesehen, wie Silke ihren Bernd ständig zurechtgewiesen hat, er soll nicht so viel trinken? Und einmal hat sie ihm die Hand vor die Augen gehalten, als er einer anderen Frau gar zu auffällig auf den Hintern gestiert hat...«
»Ja und bei Mark und Franca war es auch nicht viel besser. Sie betrügt ihn doch, was das Zeug hält. Und der arme Idiot merkt nichts. Die beiden reden ja auch praktisch nicht miteinander.«
»Ach, ich bin so froh, dass das bei uns nicht so ist«, säuseln Sie und schlafen zufrieden als Vorzeigepaar ein.
Was Sie nicht ahnen: Silke und Bernd liegen zur selben Zeit

> nebeneinander im Bett und reden genauso über *Sie* beide. Und Mark und Franca auch.
> Denn grundsätzlich ist jedes Paar in seiner eigenen Wahrnehmung immer das weltbeste. Den wissenschaftlichen Beweis dafür können Sie auch dann lesen, wenn Sie gar kein Paar sind.

Meine Güte, was führen die anderen Trottel doch für armselige Beziehungen! Und merken es nicht einmal! In Studien halten die meisten Paare ihre eigene Beziehung regelmäßig für besser als andere Beziehungen, die sie kennen.

Das ist ein schönes Beispiel für die sogenannte »Überlegenheitsillusion«. Die Überlegenheitsillusion lässt sich in *allen* Lebensbereichen beobachten. Sie beschreibt ein Vorurteil, das wir alle mit uns herumtragen und das uns dazu verleitet, unsere Stärken im Vergleich mit anderen Menschen zu überschätzen – und unsere Schwächen zu unterschätzen. Und zwar maßlos. Das Ergebnis: In unserer eigenen Wahrnehmung sind wir immer überdurchschnittlich intelligent, attraktiv, befähigt, beliebt.

Ein putziger Spitzname für dieses Phänomen ist übrigens der »Lake-Wobegon-Effekt«. Lake Wobegon ist eine fiktive Stadt in den Geschichten des Schriftstellers und Radiomoderators Garrison Keillor. In Lake Wobegon sind »alle Frauen stark, alle Männer hübsch und alle Kinder überdurchschnittlich«.

Dabei gilt die Formel: je schlechter, desto besser. Je niedriger der IQ eines Menschen oder je schwächer eine bestimmte Fähigkeit bei ihm ausgeprägt ist, desto mehr neigt dieser Mensch dazu, seine Intelligenz beziehungsweise die betreffende Fähigkeit zu überschätzen. Gerade die Dümmsten halten sich also für die Klügsten und die schlechtesten Autofahrer sehen sich beim nächsten Formel-1-Rennen. Fragt man Studenten nach einer Selbsteinschätzung, empfinden sich die meisten als weit überdurchschnittlich. Das Gleiche gilt selbstverständlich für ihre Professoren. Und warum, glauben Sie, boomen seit jeher Bücher, die uns erklären, wie dumm die Gesellschaft ist? Genau. Weil jeder seinen Eindruck bestätigt sieht: Alles Deppen außer mir!

Die Überlegenheitsillusion lässt sich in fast allen alltäglichen Lebensbereichen beobachten. Anders ist es hingegen bei besonders schwierigen oder außergewöhnlichen Aufgaben, also bei weniger alltäglichen Dingen. Hier kehrt sich der Effekt manchmal um, und wir neigen dazu, unsere eigenen Fähigkeiten zu *unter*schätzen. Möglicherweise können Sie also schlechter Auto fahren, als Sie glauben – aber viel besser ein Raumschiff steuern.

Die Überlegenheitsillusion ist zunächst praktisch für jeden Einzelnen von uns. Sie gehört zu den sogenannten »selbstwertdienlichen Verzerrungen«. Sie hilft uns, ein positives Selbstbild zu entwickeln und zu behalten, uns grundsätzlich besser zu fühlen. Selbstüberschätzung kann tatsächlich auch zu außergewöhnlichen Leistungen anspornen – dafür sorgt die selbsterfüllende Prophezeiung (siehe S. 51).

Die Überlegenheitsillusion richtet aber auch großen Schaden an. Dieser Gedanke ist Ihnen vermutlich eben schon gekommen, als von Autofahrern die Rede war. Ein Großteil der Unfälle passiert, weil jeder Fahrer sich für einen überlegenen, ganz besonders guten Fahrer hält, der die Situation jederzeit unter Kontrolle hat. Das verleitet zu riskanten Überholmanövern und hohen Geschwindigkeiten oder dazu, auch ohne Winterreifen auf Glatteis zu fahren. Es verleitet aber auch Radfahrer und Fußgänger dazu, rote Ampeln aus Prinzip zu ignorieren (»völlig überflüssige Bevormundung durch den Staat; ich sehe doch, ob ein Auto kommt«). Allein in Deutschland kommt auf der Straße jeden Tag etwa ein Dutzend Menschen ums Leben. Zieht man davon diejenigen wenigen ab, die den Freitod suchen, so waren die übrigen Betroffenen bis kurz vor ihrem Tod der festen Überzeugung, sie hätten alles bestens unter Kontrolle.

Auch werden jeden Tag Menschen ermordet, obwohl jeder weiß, dass auf ein solches Verbrechen hohe Strafen stehen. Warum morden Menschen trotzdem (oder begehen andere Straftaten)? Weil jeder zum Zeitpunkt der Tat davon ausgeht: *Ich* lasse mich doch nicht erwischen... Die Überlegenheitsillusion stellt also grundsätzlich den Abschreckungseffekt von Strafe infrage.

Nicht zwingend um Menschenleben, aber um andere Dummheiten geht es in anderen Bereichen. So erklärt die Überlegenheitsillusion zum Beispiel, warum gerade die ungeeignetsten Kandidaten in einer Organisation am stärksten nach oben drängen – sei es in der Wirtschaft oder Politik. Auf den Finanzmärkten führt dieses Phänomen dazu, dass große Beträge mit Entscheidungen verzockt werden, die rational nicht mehr begründbar sind. Oft heißt es, die Gier ruiniere die Märkte – in Wahrheit ist es wohl eher die Selbstüberschätzung.

Die Überlegenheitsillusion ist auch dafür verantwortlich, dass die meisten Unternehmen aus ihrem Gehaltsgefüge ein Staatsgeheimnis machen. Ist das Gehaltsgefüge gerecht, sollte Transparenz dem Betriebsklima eigentlich eher nützen als schaden. Stellen Sie sich vor, Sie sind zehn Jahre alt und Ihr Zwillingsbruder sagte Ihnen: »Papa gibt mir Taschengeld, aber ich darf dir nicht sagen, wie viel.« Würden Sie glauben, dass hier alles gerecht abläuft? So ist es auch im Unternehmen. Wo Geheimnisse sind, wittern wir Ungerechtigkeiten. Nun haben manche Unternehmen versucht, ihre Gehaltsstruktur oder wenigstens bestimmte Gehaltskorridore offen zu legen. Das Ergebnis: So ziemlich alle Mitarbeiter ordnen sich auf der Skala ganz weit oben ein, jeder hält seine eigenen Fähigkeiten, seine Leistungen, seinen Wert für weit überdurchschnittlich. Wer wollte auch schon Durchschnitt sein – oder gar darunter? Weil keiner »normal« bezahlt werden möchte, halten die Unternehmen die Gehaltsdaten dann doch lieber gleich unter Verschluss.

Auch vor Gericht wird viel Zeit und Geld verloren, weil wir uns alle selbst überschätzen. Bei vielen Verfahren ist die Rechtslage bereits am Anfang völlig klar – seriöse Anwälte versuchen einen Mandanten auch immer von einem aussichtslosen Prozess abzuhalten (anders, wenn sie geldgierig sind oder sich wiederum selbst so überschätzen, dass sie den aussichtslosen Prozess doch nicht für aussichtslos halten ...). Aber die wenigsten Mandanten lassen sich davon beeinflussen. Obwohl es sich bei ihnen meist um Laien handelt, sind sie »im Bauch« so stark davon überzeugt, im Recht zu sein, dass nichts und niemand sie aufhalten kann.

Wir können also Menschenleben retten und unseren Geldbeutel schonen, wenn wir uns manchmal fragen: Könnte ich möglicherweise in dieser Sekunde gerade einer Überlegenheitsillusion aufsitzen? Wir können aber auch das Verhalten anderer Menschen besser erklären und voraussagen, wenn wir berücksichtigen, dass auch sie sich in allem für überdurchschnittlich halten (werden). (Wenn Sie also gerade eine Rezension über dieses Buch im Internet veröffentlichen wollten, in der Sie sagen, alles sei falsch und schlecht und Sie wissen alles besser, dann fragen Sie sich ... Denken Sie stattdessen daran: Selbstverständlich ist dieses Buch das beste, das je zu dem Thema geschrieben wurde! Weltweit. Ach was, im ganzen Universum ...)

Und wenn Sie nun sagen: »*Ich* leide ganz bestimmt nicht unter Selbstüberschätzung«, dann möchten wir Ihnen noch den sogenannten »bias blind spot« vorstellen, den blinden Punkt in Bezug auf die eigene Voreingenommenheit. Unzählige Experimente zeigen: Es fällt uns leider auch verdammt schwer, unsere eigenen Überlegenheitsillusionen im Einzelfall zu erkennen und auszugleichen. Glauben Sie uns daher am besten einfach (denn *wir* haben die Weisheit nun wirklich mit großen Schöpflöffeln gefressen): Betroffen sind wir alle.

Buunk, B. P. (2001): *Perceived superiority of one's own relationship and perceived prevalence of happy and unhappy relationships.* British Journal of Social Psychology, 40, 565–574

Ehrlinger, J., Johnson, K., Banner, M., Dunning, D. & Kruger, J. (2008): *Why the unskilled are unaware: Further explorations of (absent) self-insight among the incompetent.* Organizational Behavior and Human Decision Processes, 105, 98–121

WER ANDRE IN DER GRUBE SIEHT, SPRINGT SELBST HINEIN?

Wie Sie durch interventionspsychologisches Mitfühlen Leben retten können

Stellen Sie sich vor: Sie sind auf Reisen, Sie wandern durch einen wunderschönen Wald. Die Natur ist weit über sich hinausgewachsen und hat Ihnen eine unfassbar bezaubernde Szenerie kredenzt.

Plötzlich hören Sie entfernt ein klägliches Wimmern. Sie halten inne, ein wenig erschrocken. Das Wimmern hält an, es scheint gar stärker zu werden. Vorsichtig begeben Sie sich in die Richtung, aus der die Geräusche kommen. Im letzten Moment bleiben Sie wie angewurzelt stehen – puh, um ein Haar wären Sie in eine tiefe Grube geplumpst.

Jetzt wird Ihnen auch klar, woher das Klagen kommt. Ganz tief unten sitzt ein kleines Kind, strampelt mit Armen und Beinen und ruft verzweifelt um Hilfe.

Was machen Sie?

❏ Sie sprechen dem Kind Mut zu und bitten es um Geduld. Sie laufen zur nächstgelegenen Zivilisation, besorgen eine lange Leiter, kehren zur Grube zurück. Sie befreien das vor Dankbarkeit strahlende Kind aus der Grube und bringen es zurück zu seinen überglücklichen Eltern.

❏ Sie sehen das Kind und folgen Ihrem ersten Impuls – und springen hinterher. Auf dem Grubengrund warten Sie und das Kind seitdem gemeinsam darauf, dass zufällig jemand vorbeikommt und eine Leiter dabei hat.

❏ Sie tun so, als hätten Sie nichts bemerkt und trollen sich dezent. Vielleicht ein zaghaftes Liedchen pfeifend…

Jeder einigermaßen »normal« tickende Mensch entscheidet sich für die »Leiter-Variante«. Variante zwei (»Hinterherspringen«) erscheint den meisten wenig sinnvoll, Variante drei (»Trollen«) unverantwortlich. Kommt alles so klar daher, treffen wir leicht die richtige Entscheidung.

Nun sind Gruben und Leitern in unserem Alltag aber oft getarnt und täuschen uns. Das führt dazu, dass wir uns im Alltag häufig für die zweite Möglichkeit entscheiden – und hinterherspringen. Manch einer wählt auch Option drei, weil er die erste Variante (Leiter besorgen) mit der zweiten verwechselt und Angst hat, sich weh zu tun.

Das Hinterherspringen ist ein Sinnbild für Mitleiden. Mitleid empfinden bedeutet, in den Schmerz des anderen, ursprünglich Leidenden hineinzugehen, diesen Schmerz anzunehmen und zu seinem eigenen zu machen. Das Problem dabei ist: Wer selbst leidet, wem es selbst nicht gut geht, der ist nicht mehr in der Lage, sinnvolle Lösungsansätze zu entwickeln. Oder haben Sie schon einmal erfolgreich versucht, tränenblind eine Leiter aufzutun? Der Hilfesuchende erleidet regelrecht einen zusätzlichen Schaden, denn er wird ja um seine Unterstützung gebracht.

Vom Mit*leiden* unterscheiden wir das Mit*fühlen*. Mitfühlen bedeutet, den Schmerz des Leidenden wahrzunehmen, ihn zu spüren, eine Vorstellung, eine Empfindung davon zu haben, wie es dem anderen gehen mag. Um dann zwischen sich selbst und dem ursprünglich Leidenden zu differenzieren – und motiviert und stark genug zu sein, um Hilfe zu leisten.

Vielen Menschen ist dieser Unterschied zwischen Mitfühlen und Mitleiden nicht geläufig. Sie scheuen dann die Begegnung mit Leid, mit Elend – weil sie von der Sorge gepackt sind, in das Leid des anderen hineingehen, regelrecht in die Grube hineinspringen zu müssen. Für sie ist es dann leichter, die Szenerie zu verlassen, damit keine unguten Gefühle hochkommen. Und ein maximal schlechtes Gewissen trägt sich in vielen Fällen immer noch leichter als die Verzweiflung eines anderen. Wir wollen hier nicht verurteilen, sondern »nur« aufklären. Sowohl die Mitleidens- als auch die Fluchttendenz sind ganz normal und gehören zum Menschsein dazu. Aus Unwissenheit. Weil wir eine egozentrische Sicht (siehe S. 78) auf das Weltgeschehen pflegen und deshalb davon ausgehen, andere müssten genauso fühlen wie wir selbst. Und im Umkehrschluss (unbewusst) daraus ableiten, wir müssten die Gefühle der anderen übernehmen.

In Wirklichkeit kann jeder seine eigenen Gefühle behalten. Und Anteilnahme geben und empfangen. Wenn wir wirklich und von Herzen mitfühlen, tun wir doppelt Gutes: Erstens ersparen wir uns die Grube. Und zweitens können wir dem anderen wirklich helfen, die Grube zu verlassen. Win-Win.

Finke, J. (2004): *Empathie und Interaktion*. Stuttgart: Thieme

WARUM RATSCHLÄGE AUCH SCHLÄGE SIND

So kommen Sie von kontraproduktiven
Formaten weg und können sich selbst
und anderen wirklich helfen

Nehmen wir an: Sie haben ein Problem, zum Beispiel einen Konflikt in Ihrer Partnerschaft oder im Kollegenkreis. Es geht Ihnen nicht gut damit, Sie sind ratlos und verzweifelt.

Abends treffen Sie einen sehr guten Freund, dem Sie absolut vertrauen, und klagen ihm Ihr Leid. Dieser sehr gute Freund hat eine besondere Gabe für 1001 Lösungsansätze. Sofort sprudelt es aus ihm heraus: »Hast du schon XY probiert?«, »Als ich damals in einer ähnlichen Situation war, hat mir ABC geholfen«, »An deiner Stelle würde ich…«.

Jede dieser Ideen für sich betrachtet ist Gold wert – komischerweise geht es Ihnen nach dem Gespräch jedoch noch schlechter als zuvor.

Erklärung gefällig?

Meistens kommen Ratschläge hoch motiviert daher und haben nur die edelsten Absichten. Leider gibt es diesen kleinen, aber feinen Unterschied zwischen Absicht und Wirkung: Etwas kann gut gemeint sein – und gleichzeitig großen Schaden anrichten; denken Sie nur an die »Trösten-Tendenz« (siehe S. 40).

Diese banal anmutende und zugleich an Bedeutsamkeit nicht zu überschätzende Erkenntnis wird im Alltag eher selten beachtet. Zum Beispiel, wenn wir unserer besten Freundin Tipps bei Beziehungsproblemen oder Jobstress geben. Diese Tipps mögen uns in unserer Situation spitzenmäßig geholfen haben. Sie nützen unserer besten Freundin aber gar nichts. Weil unsere beste Freundin einfach ein anderer Mensch und anders gestrickt ist als wir.

In der Psychologie nennen wir das einen klassischen Fall von »Projektion«: Wir projizieren munter unsere Gedanken, Lebensweisen und Lösungen auf unsere Mitmenschen. »Projektion ist das Verfolgen eigener Wünsche in anderen«, hat es Sigmund Freud treffend auf den Punkt gebracht.

Das ist menschlich! Wir wissen einfach meistens nicht, wie wir alternativ reagieren können, und wollen unbedingt etwas Gutes tun. Hilft aber leider trotzdem nicht. Im Gegenteil: Indem wir anderen Ratschläge erteilen, schaden wir ihnen sogar noch zusätzlich, verletzen sie. Denn jeder konstruiert als Experte für sein eigenes Leben seine Sichtweise von Realität. Ratschläge wiederum stammen aus der konstruierten Realität eines anderen, des Gegenübers. Die Wahrscheinlichkeit, dass sich beide Realitätskonstruktionen zu 100 Prozent decken, geht gegen null. Ein Ratschlag sagt daher immer indirekt aus: »Deine Konstruktion von Realität stimmt nicht«, »Meine Wahrnehmung ist besser als deine«, »Ändere deine Weltsicht«.

Wenn wir diese indirekten Botschaften mitbekommen, dann haben wir zu unserem ursprünglichen Problem gleich noch ein weiteres. Wir denken bewusst oder auch unbewusst: »Ach, der versteht mich sowieso nicht.« Und fühlen uns allein und einsam, weil der andere unsere Weltsicht nicht teilt.

Die typische Ratgeberfalle ist, dass wir aus unserer – egozentrischen (siehe auch »Sie haben die Wahl: Bleiben Sie ewig jung – oder retten Sie Ihre Ehe«, S. 78) – Perspektive *glauben zu wissen*, was gut für den anderen ist. Falsch! Rat-Schläge sind immer Schläge. Deshalb sind viele Ratgeber auch einfach nur für die Tonne. Denn wer lässt sich schon gerne schlagen ...

Wollen Sie wirklich jemandem helfen, so können Sie Folgendes tun: Hören Sie zu! Versuchen Sie, Ihr Gegenüber, sein Anliegen, seine Konstruktion von Wirklichkeit zu verstehen. Das ist nicht immer ganz einfach, denn unbewusst verwechseln wir gerne Verstehen und Akzeptieren. Und leiten dann daraus ab, wir selbst müssten unsere Weltsicht zugunsten der des anderen aufgeben – und schon haben wir plötzlich das Problem in die andere Richtung. Dass das so nicht stimmt, wissen wir von der schon mehrmals zitierten Schere im Kopf. Signalisieren Sie Ihrem Gegenüber: »Ich bin bei dir, ich lasse mich auf deine Sichtweise ein, ich begreife, was du meinst.« Wenn

Sie auf diese Weise Ihrem Gesprächspartner Unterstützung gegeben haben, dann können Sie immer noch erfragen, ob er Lösungsansätze hören möchte. Und zwar immer erst im zweiten Schritt. So lassen Sie dem anderen seinen Expertenstatus für sein subjektives Leben, seine Inhalte – und seine Konstruktion von Glücklichsein.

Wenn wir Ihnen also abschließend einen Ratschlag erteilen dürfen: Erteilen Sie niemals Ratschläge.

Deimann, P. & Kastner-Koller, U. (1992): *Was machen Klienten mit Ratschlägen? Eine Studie zur Compliance in der Erziehungsberatung.* Praxis der Kinderpsychologie und Kinderpsychiatrie, 41, 46–52

Linden, M. (2005): *Prinzipien der Psychotherapie.* Medizinische Therapie, 15, 1317–1322

Rogers, C. R. (2008): *Entwicklung der Persönlichkeit: Psychotherapie aus der Sicht eines Therapeuten.* Stuttgart: Klett-Cotta

ERFOLGREICHER LEBEN – DANK DENKFEHLERN

Mit dem »Ankereffekt« schlagen Sie immer das Beste für sich heraus

> Sie wollen mehr rausschlagen bei Gehaltsverhandlungen? Sie haben sich durch die Lektüre des fünften Kapitels zum »sozialen Vergleich« noch nicht davon abschrecken lassen? Dann lesen Sie jetzt unbedingt weiter!

Wollen oder sollen wir eine komplexe Situation oder den Wert einer Sache einschätzen, dann sucht unser Gehirn nach Vergleichswerten.

Klingt erst mal vernünftig.

Jetzt aber kommt's. Findet unser guter grauer Schwamm da oben keine entsprechenden Informationen oder Zahlen, dann nimmt er eine gedankliche Abkürzung: betrachtet unbewusst nur einen Teil der Situation oder – schlimmer noch – richtet sich nach völlig beliebigen Werten. In unklaren Situationen orientieren wir uns an absolut willkürlichen sogenannten »Ankern«.

Und darum nennen wir das in der Fachsprache auch den »Ankereffekt«. Diesen Ankereffekt haben unter anderem die beiden Psychologen Kahneman und Tversky 1974 wissenschaftlich in ihrem inzwischen berühmten Experiment nachgewiesen: Versuchspersonen werden gefragt, wie hoch die Anzahl der afrikanischen Nationen in der UNO ist. Währenddessen beobachten sie den Versuchsleiter, der ein Glücksrad mit Zahlen zwischen 0 und 100 dreht. Das Ergebnis ist erstaunlich bis erschütternd: Auf hohe Zahlen folgen hohe, auf niedrige Zahlen niedrige Schätzungen. Obwohl für die Probanden völlig klar ist, dass die Zahl auf dem Glücksrad ein reines Zufallsprodukt ist, nutzen sie sie als Grundlage für ihre Antwort.

Ein anderes Experiment weist nach, dass die Gäste eines Restaurants namens »Studio 97« dort durchschnittlich mehr Geld ausgeben als Gäste eines Restaurants mit dem Namen »Studio 17«.

Auch Restaurants ohne Zahlen im Namen nutzen den Ankereffekt. Das kennen Sie sicher aus eigener Erfahrung: Sie schlagen eine Karte auf, lesen die ersten paar Vorspeisen – und fallen fast in Ohnmacht. Auf der rechten Seite sehen Sie nur zweistellige Beträge, und zwar nicht gerade die allerniedrigsten. Und das für eine bloße Vorspeise! Doch wenn Sie bei den Hauptgerichten ankommen, wirkt der »Anker« bereits: Selbstverständlich sind die Preise dort noch unverschämter, aber das fällt Ihnen schon nicht mehr so auf, weil Sie sich an das Preisniveau bereits gewöhnt haben. Damit haben wir auch eine Erklärung für den Ankereffekt: die Macht der Gewöhnung, die tatsächlich ebenso zuverlässig wie blitzschnell wirkt, wie wir bereits gesehen haben (siehe S. 20).

So sinnvoll uns ein Anker auf den ersten Blick bei der Bewältigung von Komplexität auch erscheint: Auf den zweiten Blick kommt es leider zu Verzerrungen in Richtung dieses Ankers – und damit zu komplett irrationalen und fehlerhaften Entscheidungen. Was ja wiederum nicht unbedingt hilfreich ist.

Nun könnten wir uns trösten, indem wir uns einreden, Ankereffekte beträfen besonders stark »Unwissende« oder Laien. Doch 1987 wiesen die Forscher Northcraft und Neal nach, wie mächtig diese Effekte sind, ja, dass sie selbst Experten ins Bockshorn jagen: Zwei Gruppen von Versuchspersonen, Studenten versus Immobilienexperten, schätzen Immobilienpreise. Die zugrundeliegenden Informationsbroschüren unterscheiden sich ausschließlich im Listenpreis. Dabei kommt heraus: Die Entscheidungen sowohl der Laien als auch der Experten sind stark von den Ankerzahlen geprägt.

Wenn wir diese Effekte also wider besseres Wissen nicht loswerden können – wie können wir sie wenigstens für uns nutzen?

Allgemein gesprochen: Die individuell empfundene Verlust- oder Gewinnsituation hängt in den meisten Fällen vom ersten Angebot ab. Die Zahl, die zuerst im Raum steht, beeinflusst den weiteren Prozess enorm.

Das bedeutet konkret für Sie: Sollten Sie zum Beispiel einmal vor Gericht die Freude haben, Schmerzensgeld zu fordern, dann bringen Sie möglichst früh eine möglichst hohe Summe ins Gespräch. Dieser Wert dient als Anker. Wer mehr fordert, bekommt oft mehr (kann allerdings auch auf höheren Prozesskosten sitzen bleiben, wenn er verliert...)!

Oder: Sie können in Gesprächen und Verhandlungen bessere Resultate erzielen, wenn Sie selbst die erste Hausnummer ins Spiel bringen. Und zwar eine, die übertrieben stark in Ihre Richtung tendiert. Einen Versuch wäre es doch glatt wert – bei der nächsten Gehaltsverhandlung...

Wir können einen Spezialfall der Ankereffekte, den Verfügbarkeitsfehler, sogar dazu nutzen, lästige Gewohnheiten abzustellen, gesünder zu leben, unser Selbstbewusstsein zu stärken – kurz: unser gesamtes Leben zu optimieren. Denn wenn wir schon so einfach gestrickt sind und so fehlerhaft funktionieren, dann können wir zumindest das Beste daraus machen... Wie das geht, erfahren Sie im nächsten Kapitel.

Critcher, C. R. & Gilovich, T. (2008): *Incidental environmental anchors*. Journal of Behavioral Decision Making, 21, 241–251

Kahneman, D. & Tversky, A. (1972): *Subjective probability: a judgement of representativeness*. Cognitive Psychology, 3, 430–454

Kahneman, D. & Tversky, A. (1973): *On the psychology of prediction*. Psychological Review, 80, 237–251

Northcraft, G. B. & Neale, M. A. (1987): *Experts, amateurs, and real estate: An anchoring-and-adjustment perspective on property pricing decisions*. Organizational Behavior and Human Decision Processes, 39, 84–97

WARUM FLIEGEN ZWAR SELTEN TOT MACHT, ABER HÄUFIG ANGST

Wie Sie mit dem Verfügbarkeitsfehler aus der Kognitionsforschung Ihr Selbstbewusstsein stärken

Beim Fliegen sterben verhältnismäßig wenige Menschen – in Deutschland zum Beispiel ist schon seit Jahren niemand mehr mit einem Linienflugzeug ums Leben gekommen. Während Sie diesen Abschnitt lesen, werden hingegen gut drei Menschen in Deutschland an einer Herz-Kreislauf-Erkrankung sterben.

Das Herzinfarktrisiko steigt erheblich, wenn jemand zum Beispiel raucht. Warum haben trotzdem so viel mehr Menschen akute Angst davor, in ein Flugzeug zu steigen als sich eine Zigarette anzuzünden?

Dass Fliegen rein statistisch gesehen ziemlich sicher ist, hat sich inzwischen herumgesprochen. Das Flugzeug hat sich als »sicherstes Verkehrsmittel« seinen sprichwörtlichen Platz in den Köpfen der Menschen verschafft. Gleichzeitig wurde in den letzten Jahren kein Aufwand gescheut, um allen Menschen mitzuteilen, wie gesundheitsschädlich Rauchen ist. Das steht inzwischen sogar auf den Zigarettenpackungen – unter anderem mit dem Spruch »Rauchen kann tödlich sein«.

Die meisten von uns wissen das genau. Trotzdem ist in unseren Köpfen oft das Fliegen gefährlicher als das Rauchen.

Warum?

Hier werden wir Opfer eines sogenannten »Verfügbarkeitsfehlers«. Oft treffen wir Entscheidungen, ohne eine Statistik zu kennen. Oder wir kennen eine Statistik, wollen oder können sie aber nicht rational nutzen. Wir ersetzen dann die statistischen Daten durch unsere Erinnerungsleistung und führen eine »Verfügbarkeitsheuristik« durch – wie oft ein bestimmtes Geschehnis auf der Welt vorkommt, beurteilen wir ganz einfach danach, wie verfügbar dieses Geschehnis in unserem Gedächtnis ist. Ganz einfach: Woran wir uns leicht erinnern, das halten wir für wahrscheinlicher als das, woran wir uns nur schwer erinnern. So neigen zum Beispiel in großen Glücksspielhallen mit vielen Automaten die Spieler dazu, deutlich mehr Geld zu investieren als in kleinen Hallen. Da es bei vielen Automaten beobachtbar häufiger zu Gewinnausschüttungen kommt als bei wenigen, halten die Spieler die Wahrscheinlichkeit, selbst zu gewinnen, unbewusst für höher.

Und an Bilder von einem Flugzeugabsturz kann sich fast jeder auf Anhieb erinnern. Denn über Flugzeugabstürze wird im Fernsehen berichtet, das bewegte Bild brennt sich in unser Gedächtnis ein. Zudem bieten Flugzeugabstürze sehr emotionale Szenen, und Emotionen verstärken unsere Erinnerungsfähigkeit noch weiter (dazu mehr in dem Kapitel »Wo standen Sie, als die Welt plötzlich stillstand? – Sind Sie *sicher*?«, S. 237). Viel seltener sehen wir in der Regel konkrete Menschen an einem Herzinfarkt sterben. Obwohl ein solcher Fall alle paar Minuten vorkommt, wird darüber kaum berichtet und schon gar nicht mit bewegten Bildern. Selbst als kleine Pressenotiz kommt die häufigste Todesursache kaum vor – eben weil sie so häufig ist.

In unserem Gedächtnis ist das Ereignis »Flugzeugabsturz« daher leichter verfügbar als das Ereignis »Herzinfarkt«. In einer Art »automatischem Denken« schließen wir daraus, der Tod durch Flugzeugabsturz sei wahrscheinlicher als der Tod durch Rauchen. Selbst wenn wir hören, dass wir an statistischen Unsinn glauben, halten wir oft an unserer Überzeugung weiter fest. Dieser Effekt lässt sich experimentell nachweisen und ist als »Perserveranz-Effekt« bekannt.

Das gilt jedenfalls für den »normalen« Menschen, der nicht gerade Arzt oder Rettungssanitäter ist. Studien zeigen: Ärzte, die viele Raucherpatienten behandeln, rauchen selber weniger. Das Bild der Raucherkrankheit ist in *ihrem* Gedächtnis leichter verfügbar als das Bild eines Flugzeugabsturzes.

Schauen wir noch auf ein Experiment, das uns ein

wichtiges Detail zeigt: Man bittet Probanden, sich an Ereignisse zu erinnern, in denen sie selbstsicher aufgetreten sind. Die eine Gruppe soll sechs Ereignisse notieren, die andere zwölf. Danach werden die Probanden gefragt, wie selbstsicher sie sich selber einschätzen. Was glauben Sie: Wer hält sich für selbstsicherer – diejenigen, die sechs Ereignisse notiert haben oder diejenigen, denen zwölf Ereignisse eingefallen sind? Obwohl sie mehr Belege für die eigene Selbstsicherheit haben, halten sich die Probanden mit den zwölf Beispielen für weniger selbstsicher. Der Grund: Weil sie mehr Beispiele sammeln sollten, fiel ihnen am Ende die Erinnerung schwerer. Wer sich an weniger Beispiele erinnern sollte, fand die Erinnerung hingegen leichter – denn er hatte seine sechs Beispiele ja schneller beisammen. Das Experiment zeigt: Für unsere Entscheidung kommt es nicht darauf an, wie *oft* wir uns an etwas erinnern können, sondern wie *leicht*.

Was bedeutet das alles nun für unseren Alltag?

Grundsätzlich: Denken Sie an den Verfügbarkeitsfehler, wenn Ihr Erinnerungsbild Sie in Zukunft vielleicht an der Nase herumführen möchte. Manchmal ist es besser, (nochmals) in eine Statistik zu schauen – oder selbst Buch zu führen.

Konkret können wir aus dem Verfügbarkeitsfehler folgende Einsichten ableiten:

Erstens: Haben wir kürzlich einen Artikel über einen Mord gelesen, so halten wir die Wahrscheinlichkeit, selbst ermordet zu werden, für höher, als hätten wir den Artikel zuvor nicht gelesen. Gleiches gilt für Artikel über Krankheiten, Trennungen, Arbeitslosigkeit. Meiden Sie also bad news, befassen Sie sich vorrangig mit den schönen Dingen dieser Welt. Das stärkt Ihren Glauben an das Gute – und trägt dazu bei, dass Sie sich am Ende besser fühlen.

Oder, zweitens, umgekehrt: Denken Sie an die Ärzte, die häufig mit Lungenkrebspatienten zu tun haben und daher weniger rauchen als Ärzte, die selten mit Lungenkrebspatienten zu tun haben. Wenn Sie also eine lästige Gewohnheit loswerden wollen, dann konfrontieren Sie sich intensiv und bildhaft mit den Folgen dieser Gewohnheit. Möchten Sie zum Beispiel abnehmen, dann hängen Sie ein Foto eines übergewichtigen Menschen an Ihre Kühlschranktür.

Drittens, noch was fürs Wohlbefinden: Führen Sie sich vor wichtigen Situationen – Terminen, Prüfungen, Rendezvous – stets vergangene Erfolgserlebnisse vor Augen. Dadurch halten Sie das Gelingen für wahrscheinlicher und sind selbstsicherer. Dank der selbsterfüllenden Prophezeiung kommt es dann häufiger zu einem Erfolg.

Schwarz, N., Bless, H., Strack, F., Klumpp, G., Rittenauer-Schatka, H. & Simons, A. (1991): *Ease of retrieval as information: Another look at the availability heuristic.* Journal of Personality and Social Psychology, 61, 195–202

FÄNGT NUR DER FRÜHE VOGEL DEN WURM?

Nutzen Sie den »Primat-Rezenz-Effekt« für Ihre Beförderung

Nehmen wir an, bei Ihnen im Unternehmen ist intern eine tolle Aufstiegsstelle ausgeschrieben. Sie und einige Kollegen haben sich beworben. Es gibt eine Auswahlkommission, die aus Ihrer Chefin, dem Chef-Chef und dem Chef-Chef-Chef besteht. Sie sollen unter einigen möglichen Terminen Ihren Wunschtermin kennzeichnen. Welche Option wählen Sie?

❏ Am Anfang sind bestimmt noch alle besonders streng und angespannt – da wäre mittags oder abends besser.
❏ Mittags denken alle nur ans Essen – da wäre morgens oder abends besser.
❏ Abends sind alle bestimmt schon sehr erschöpft und haben sich innerlich vielleicht bereits festgelegt – da wäre morgens oder mittags besser.

Schwierig! Oder doch nicht?

Bei dieser Entscheidung gibt es zwei goldene Wege – nur die ansonsten viel gerühmte »goldene Mitte«, die gibt es ausnahmsweise mal nicht.

Möglichkeit Nummer eins: Wenn Sie möchten, dass die Auswahlkommission sich besonders gut an das Gespräch mit Ihnen erinnert, dann wählen Sie den frühen Termin – am besten den ersten. In der Psychologie gibt es nämlich ein interessantes Phänomen namens »Primat-Effekt«. »Primus« bedeutet »Erster«; der Primat-Effekt beruht auf folgender Erkenntnis: Unser Gedächtnis erinnert früher eintreffende Informationen besser als später hinzukommende. Denn bei den frühen Informationen sind noch keine anderen Informationen vorhanden, die das Abspeichern im Gedächtnis beeinflussen oder gar beeinträchtigen könnten.

Gerüchte und Vorurteile (dazu mehr in dem Kapitel »Warum Frauen *wirklich* nicht einparken und Männer *wirklich* nicht zuhören können«, S. 243) zum Beispiel funktionieren wegen des Primat-Effekts so gut: Habe ich von irgendjemandem hinten herum gehört, dass meine neue Nachbarin eine »blöde Kuh« ist, dann nützt es ihr und mir herzlich wenig, dass sie mir sonntags vor dem Schwiegermutterbesuch Süßstoff leiht oder in der Urlaubszeit meinen Kater füttert – dass sie sich also in Wirklichkeit als total nett und höchst zugänglich erweist. Ich interpretiere ihr Verhalten als Taktieren oder Katzbuckeln – einfach weil die primären Informationen »unbeschadet« anderer Eindrücke abgespeichert wurden, dann selbst aber neue, widersprüchliche Informationen daran hindern, sich gut in unserem Gedächtnis festzusetzen. Denn den abgespeicherten Informationen geht es wie uns Menschen auch: Was uns ähnlich ist, ist uns am liebsten. Das kennen wir als den sogenannten ersten Eindruck, der zählt und sich regelrecht in unser Gedächtnis »einbrennt« (siehe auch die Ausführungen zum Halo-Effekt auf S. 111).

Wenn Sie allerdings selbst ein Morgenmuffel sind und Angst haben, Sie könnten zwar einen ersten Eindruck bei Ihrem Chef hinterlassen, aber einen unausgeschlafenen und damit dummerweise ungünstigen – dann gibt es noch die Möglichkeit Nummer zwei: Der Primat-Effekt hat ein Pendant – den sogenannten »Rezenz-Effekt«. »Recent« bedeutet »neueste«; und der Rezenz-Effekt besagt: Zuletzt verarbeitete Informationen werden stark gewichtet. Sie sind besser erinnerbar, da sie noch nicht anderweitig überschrieben worden sind. Wählen Sie also trotz potenzieller Chef-Erschöpfung den späten Termin – am allerbesten den allerletzten.

Der Rezenz-Effekt ist unter anderem in der Verkaufspsychologie ein sehr beliebter Trick. Lassen Sie mal Ihre letzten Shoppingtouren vor dem geistigen Auge Revue passieren: Wenn Sie trotz intensiver Beratung noch ein wenig unsicher sind, ob Sie »zuschlagen« sollen, noch nicht zu 100 Prozent überzeugt davon sind, dass Sie wirklich den dreimal teureren Lippenstift kaufen wollen – wie reagiert dann die Verkäuferin? In der Regel sagt sie Dinge wie: »Er ist natürlich *etwas* teurer, aber Sie haben *zehnmal* so lange davon!« oder: »Wenn Sie hier ein *bisschen* mehr investieren, können Sie dadurch *deutlich* unsere Umwelt durch die Verwendung von Bla-

blabla-Stoffen schützen!« Sie versucht also, noch eine letzte Information draufzusetzen, die Ihr Gehirn dann besonders stark gewichtet und die Sie letztlich möglicherweise überzeugt. In der Fachsprache nennen wir das dann ein sogenanntes »Reserveargument«.

Beide Effekte können sich gegenseitig ganz hervorragend ergänzen – wir sprechen dann auch vom »Primat-Rezenz-Effekt«: Das meiste holen Sie raus, wenn es Ihnen gelingt, sowohl den ersten als auch den letzten Eindruck zu hinterlassen. Vielleicht ergattern Sie also den ersten Termin und treffen die Auswahlkommission nach dem Gesprächsmarathon noch einmal »zufällig« auf dem Flur, um schnell noch für das angenehme Gespräch zu danken und einen schönen Feierabend zu wünschen. In Gruppendiskussionen setzen Sie die besten Akzente, wenn Sie am Anfang und am Ende eine gute Äußerung platzieren.

Und damit ist dann endlich auch der »späte Vogel« wissenschaftlich rehabilitiert!

Anderson, N. H. & Barrios, A. A. (1961): *Primacy effects in personality impression formation.* The Journal of Abnormal and Social Psychology, 63, 346–350

Baddeley, A. D. & Hitch, G. (1993): *The recency effect: implicit learning with explicit retrieval?* Memory & Cognition, 21, 146–155

ABER HALLO! MIT DEM HALO-EFFEKT KÖNNEN SIE PUNKTEN (UND GEPUNKTET WERDEN)

Dieser sozialpsychologische Trick macht Sie sympathischer

Sie sitzen mit Ihrem Ehemann bei einem schönen Candle-Light-Dinner im Restaurant. Gutes Essen, schöne Musik, nette Gespräche – alles ist perfekt.
Nun ja, fast alles.
Ihnen ist natürlich nicht entgangen, dass die attraktive blonde Kellnerin das Beuteschema Ihres Mannes genau ins Zentrum trifft. Schon gleich am Anfang hat er ihr unverhohlen Blicke zugeworfen.
Aber je später der Abend wird, desto mehr entspannen Sie sich. Denn die Kellnerin scheint ja wirklich ein ganz ausgesprochen dummes Huhn zu sein: Erst hat sie eine Bestellung verwechselt. Dann den Wein von der falschen Seite eingegossen. Und schließlich ist ihr vor versammelter Mannschaft beim Abräumen ein Teller entglitten.

»Peinlich, peinlich«, denken Sie schadenfroh. »Die ist schon mal gar keine Konkurrenz für mich. Mein Mann steht zwar auf blond – aber nicht auf blöd.«

Die Rechnung kommt. Aus den Augenwinkeln bekommen Sie ungläubig mit, wie Ihr Mann der guten Frau ein mehr als sattes Trinkgeld spendiert.

»Das waren fast 30 Prozent!«, raunen Sie. »Findest du nicht, dass Trinkgeld auch etwas mit dem Service zu tun hat?«

»Na eben«, antwortet er ehrlich erstaunt. »Sie hat das doch alles ganz vorbildlich gemacht.«

Vielleicht kommt Ihnen diese Geschichte auch gar nicht so außergewöhnlich vor – denn Sie haben es immer gewusst: Das Auge isst eben mit. Und zwar nicht nur beim Essen, auch im Büro, in der Schule, an der Supermarktkasse, überall. Wir lassen uns von attraktiven Menschen um den Finger wickeln, ohne es zu merken.

Das ist nicht nur so ein Eindruck, sondern wissenschaftlich bewiesen. In der Fachsprache nennen wir es den »Halo-Effekt« – nicht weil ihn die attraktive Frau Halo entdeckt hat, sondern weil »Halo« auf Griechisch »Lichthof« bedeutet. Wir beschreiben damit folgendes Phänomen: Eine bestimmte Eigenschaft einer Person und deren Wahrnehmung durch andere überstrahlt alle anderen Eigenschaften derart, dass sie das Gesamtbild völlig verzerrt. Das ist oft das Aussehen, kann aber auch eine ganz andere Eigenschaft sein, zum Beispiel, dass jemand besonders höflich ist oder der Sohn einer berühmten Mutter. Der Halo-Effekt wirkt natürlich besonders stark, wenn dem Gegenüber genau die »strahlende« Eigenschaft auch noch besonders wichtig ist.

Wird eine Person von einer aus unserer Sicht positiven Eigenschaft so überstrahlt, so schreiben wir ihr als Bonus gleich noch so ziemlich alle anderen positiven Eigenschaften zu: Intelligenz, Fleiß, Durchhaltevermögen, soziale Kompetenz bis hin zu musikalischem Talent. Überstahlt hingegen eine negative Eigenschaft eine Person, so dichten wir ihr zur Strafe auch noch jede Menge weiterer negativer Eigenschaften an.

Hinter vorgehaltener Hand bestätigen viele Personaler zum Beispiel schon lange, dass sie attraktivere Bewerber bevorzugen. Und wer von uns hat nicht schon mal selber fassungslos mitbekommen, wie doch die »Ideen« der besonders gut aussehenden Kollegin in der Teamsitzung auch immer besonders gut beim Chef ankommen. Da können zehn Leute zuvor genau das Gleiche gesagt haben – wenn die Schönheit den Mund aufmacht, ist es auf einmal grandios und völlig neu. Neun von zehn Männern geben in Umfragen an, Aussehen sei karriereentscheidend. So unverblümt passiert das alles, dass die Schönheits-OP inzwischen schon für manche zur Investition in die Karriere gehört. In New York fing ein Schönheitschirurg mit dem »Job Fighter Package« an, in Deutschland wirbt eine Praxis: »Es ist wissenschaftlich belegt, dass schöne Menschen leichter Karriere machen als ihre in Sachen Schönheit benachteiligten Mitmenschen«.

Und Recht hat sie, ob man das bedauerlich findet oder nicht. Der Halo-Effekt wurde – sofern das überhaupt noch nötig war – oft in Experimenten nachgewiesen: Die US-Psychologen Thorndike und Allport fanden bereits während des ersten Weltkriegs heraus, dass Offiziere ihren untergebenen Soldaten so ziemlich alle Fähigkeiten zutrauten, wenn sie attraktiv waren und aufrecht gingen.

Heute ergeben Gehaltsstudien regelmäßig, dass attraktivere Männer 15 Prozent mehr verdienen als ihre von der Natur optisch benachteiligten Artgenossen. Ein wissenschaftlicher »Fettleibigkeitsindex« zeigt, wie Übergewicht das Gehalt negativ beeinflusst, Gleiches gilt für zu geringe Körpergröße. In einem interessanten Experiment sollen Testpersonen die Kompetenz eines fiktiven Bewerbers beurteilen. Dazu bekommen sie einen Lebenslauf vorgelegt – die eine Gruppe mit dem Foto eines attraktiven Menschen, die andere den identischen Lebenslauf, nur mit einem weniger attraktiven Foto. Der Bewerber mit dem schöneren Foto schneidet durchweg besser ab.

Schon direkt nach der Geburt profitieren manche Menschen vom Halo-Effekt: Hübschere Babys bekommen im Krankenhaus mehr Aufmerksamkeit, werden besser versorgt und entwickeln sich daher schneller.

Was bedeutet der Halo-Effekt für unseren Alltag? Wollen wir selber möglichst gerecht handeln, so sollten wir uns den Effekt immer wieder ins Bewusstsein rufen. Wir sind ihm nicht ausgeliefert, sondern können gegensteuern, indem wir möglichst konkrete objektive Kriterien vergleichen, wenn wir Menschen beurteilen. Aber manchmal wollen wir vielleicht auch die schöneren

Menschen bevorzugen – weil sie unsere Umwelt optisch bereichern. Das ist ja nicht verwerflich, aber wir sollten uns dessen bewusst sein.

Wollen wir umgekehrt vom Halo-Effekt profitieren, so müssen wir nicht unbedingt unters Messer, wenn die Natur uns nicht wie ein Top-Model ausgestattet hat. Erinnern Sie sich daran, dass der Halo-Effekt mit allen möglichen Eigenschaften funktioniert – solange es sich nur um Eigenschaften handelt, die der beurteilenden Person wichtig sind. Steht Ihr Chef also unheimlich darauf, wenn jemand ein gutes Gedächtnis hat, so beeindrucken Sie ihn gezielt mit ein paar Merkleistungen. Er wird Ihnen dann auch viele weitere Fähigkeiten zutrauen. Wissen Sie, dass Ihr Gegenüber bei einem Bewerbungsgespräch Sportlichkeit schätzt, dann erzählen Sie, wie Sie schon in der Jugendmannschaft Preise gewonnen haben. Manche mögen das Schleimerei nennen – wir nennen es *wissenschaftlich fundierte* Schleimerei.

Averett, S. & Korenman, S. (1996): *The Economic Reality of the Beauty Myth*. Journal of Human Resources, 31, 304–330
Badr, L. K. & Abdallah, B. (2001): *Physical attractiveness of premature infants affects outcome at discharge from the NICU.* Infant Behavior and Development, 24, 129–133
Hamermesh, D. S. & Biddle, J. E. (1994): *Beauty and the Labor Market.* American Economic Review, 84, 1174–1194
Thorndike, E. L. (1920): *A constant error on psychological rating.* Journal of Applied Psychology, 4, 25–29

WANNE ODER WAFFENSCHRANK?
WIE WIR AUF STRESS REAGIEREN

Neueste Erkenntnisse aus der Stressforschung helfen Ihnen in kritischen Lebenssituationen

15.30 Uhr, im Büro Ihres Chefs. Mit starken Anzeichen von Bluthochdruck rennt er vor Ihnen auf seinem neuen Hochflorteppich auf und ab.

»Was Sie sich letzte Woche geleistet haben, das darf man wirklich keinem erzählen. Komplett falsche Zahlen, die Sie da aus dem Projekt vorgelegt haben... Und morgens haben Sie es offenbar gar nicht mehr nötig, vor zehn hier zu erscheinen. Man muss ja froh sein, wenn Sie es überhaupt einrichten können. Ich glaube, Ihnen fehlt mal ein bisschen Feuer unterm Hintern! Hier, da hab ich noch was für Sie...«

...auf dem Tisch vor Ihnen landet mit einem Knall ein Stapel Aktenordner, während Ihr Chef durch den Wurf fast sein Gleichgewicht verliert, sich aber gerade noch an seinem Stehpult wieder auffangen kann...

»...das ist bis morgen früh erledigt, klaro? Und jetzt raus hier!«

Sie holen Luft, aber schon stehen Sie auf dem Flur, und der Chef hat die Tür hinter Ihnen zugeknallt.

So viel hätte es noch zu sagen gegeben! Dass die falschen Zahlen nicht von Ihnen stammten, sondern aus einer ganz anderen Abteilung. Dass heute Morgen mal wieder die S-Bahn ausgefallen war – und dass die Arbeit, die Sie nun im Arm halten, unmöglich bis morgen früh zu schaffen ist. Auf einer Skala von eins bis sechs – welche Reaktion liegt Ihnen näher?

»Ich gehe in mein Büro, öffne den Waffenschrank, nehme ein Maschinengewehr heraus und gehe zurück ins Chef-Büro...«

1 ❑
2 ❑
3 ❑
4 ❑
5 ❑
6 ❑

»Ich gehe in mein Büro, lasse ein Schaumbad in die Wanne, lege mich mit einem Glas Prosecco hinein und rufe ein paar gute Freundinnen an...«

Vermutlich haben Sie weder mit 1 noch mit 6 geantwortet, weil Sie, wenn bei Ihnen einigermaßen normale Zustände herrschen, weder einen Waffenschrank noch eine Badewanne im Büro haben. Vielleicht werden die Frauen unter Ihnen bei der zuerst beschriebenen Reaktion gedacht haben: »typisch Männer«, während den Männern bei der zweiten »typisch Frauen« durch den Kopf schoss. Und wahrscheinlich werden Sie als Mann tatsächlich eher eine 2 oder 3 angekreuzt haben und als Frau eher eine 4 oder 5. (Ausnahmen bestätigen die Regel, also bitte nicht gleich aufregen, wenn es bei Ihnen ausgerechnet anders war. Lesen Sie erst mal weiter, wie man mit Aufregung am besten umgeht...).

Alles nur Klischee? Nein, Wissenschaft! Erst in den letzten Jahren hat man wissenschaftlich erkannt, dass Männer und Frauen auf Stress recht unterschiedlich reagieren.

Und darum geht es ja hier: die Reaktion auf Stress. Alle können wir sagen, wenn wir ihn spüren. Doch was ist »Stress« eigentlich genau? Das Wort »Stress« kannte man ursprünglich nur in der Physik, wo es den Druck auf ein Material beschrieb. Erst Anfang des 20. Jahrhunderts übertrug der Mediziner Hans Selye den Begriff in die Psychologie. Stress beschreibt einen Zustand, mit dem unser Körper auf bestimmte Auslöser reagiert, sogenannte Stressoren. Stressoren sind Ereignisse, die uns aus dem Gleichgewicht bringen. Sie fordern von uns eine Anpassungsreaktion.

Diese Stressoren können von außen kommen, also extern sein: die unvorhergesehene Kaffeepfütze morgens in der Küche, wenn wir es ohnehin eilig haben. Die Aufgabe, die uns der Chef noch kurz vor Feierabend reindrückt. Der Idiot, der auf der Straße plötzlich grundlos vor uns eine Vollbremsung hinlegt. Die Schwiegereltern, die sich nicht nur überraschend, sondern auch unpassend fürs Wochenende angesagt haben.

Stressoren können aber auch in unserem Inneren entstehen, zum Beispiel, wenn wir uns mit bestimmten Zielen unter Druck setzen: etwa beim Stadtmarathon unter den ersten Zehn zu sein oder in diesem Jahr befördert zu werden oder zehn (vielleicht auch nur zwei) Kilo abzunehmen. Auch Ängste können interne Stressoren sein, wenn wir zum Beispiel abends im Club ständig davor auf der Hut sind, unserem Ex zu begegnen. Oder wenn wir Angst davor haben, dass unsere Affäre mit der Kollegin auffliegt.

Wir empfinden den Stress umso stärker, je mehr die notwendige Anpassung unsere Ressourcen übersteigt – also zum Beispiel die Zeit, das Geld, die Kraft oder die Fähigkeiten, die uns zur Verfügung stehen. Weil unterschiedliche Menschen über unterschiedliche Ressourcen verfügen, kann ein und dasselbe Ereignis bei dem einen starken Stress hervorrufen, während es einen anderen gar nicht juckt. Besonders stark ist der Stress, wenn wir den Eindruck haben, wir können den Auslöser gar nicht kontrollieren. Wenn der Chef uns also nicht nur zu viel Arbeit auf den Tisch knallt, sondern uns auch noch ungerecht behandelt und uns keine Chance gibt, uns zu rechtfertigen – dann rast unser Puls ganz besonders.

Die Anpassung an den Stressor, in der Fachsprache »Adaptation« genannt, geschieht in drei Stufen: Zuerst zeigt unser Körper eine Alarmreaktion. Das ist ein kurzer Erregungszustand, der uns wachsam und sensibel dafür macht, wie sich der Stressor weiterentwickelt. Dabei erhöhen sich zum Beispiel Puls und Atmungsfrequenz, die Lymphknoten schwellen an. Auch der Hormonspiegel steigt an. Bleibt der Stressor, schaltet unser Körper auf Stufe zwei: den Widerstand. Dabei mobilisieren wir Ressourcen, um dem Stress Paroli zu bieten. Hält der Stress dann allerdings noch viel länger an, ermüden wir irgendwann, sind erschöpft – und auf Dauer krank.

Stressforschung betreibt man schon seit langer Zeit an Mensch und Tier – und man ist bis vor Kurzem davon ausgegangen, dass es eine universelle Reaktion auf akuten Stress gibt: kämpfen oder flüchten, auf Englisch »fight or flight«. Hunde und Menschen, so dachte man, greifen den Stressor entweder direkt an oder rennen weg. Das kann man ja schließlich auch in jedem Park beobachten, immer bei den Hunden und manchmal auch bei den Menschen…

Erst vor gut zehn Jahren fiel dabei auf, dass man bei dieser Forschung hauptsächlich das Verhalten männlicher Tiere (und männlicher Menschen) ausgewertet hatte. Man entdeckte bei Frauen plötzlich ganz andere Muster, die man mit »Kümmern und Bindung« beschrieb, auf Englisch »tend and befriend«. Während Männer aggressiv werden, kümmern sich Frauen in Stresssituationen verstärkt um sich und ihren Nachwuchs – und pflegen ihre Netzwerke.

Diese Muster stammen noch aus der Frühzeit des Menschen: Dort war es für den allein jagenden Mann günstig, einen Angreifer zu bekämpfen oder vor ihm wegzurennen – während die Frau, die auf den Nachwuchs aufpasste, mit keiner dieser Möglichkeiten gut bedient war (und schon gar nicht der Nachwuchs). Für die Frau war es besser, den Nachwuchs zu beschützen und Netzwerke mit anderen Frauen zu bilden, die ihr im Notfall helfen konnten.

Nichts gegen ein gutes Bad oder eine knackige Schießerei – aber wie das obige Beispiel zeigt, löst in der modernen Welt keine der beiden Möglichkeiten in Reinform akuten Stress ideal (auch wenn manche jetzt widersprechen mögen…). Beide haben aber ihre Berechtigung: Studien zeigen regelmäßig, dass wir mit einem guten sozialen Netzwerk besser für Stresssituationen gerüstet sind. Insbesondere Krankheiten überstehen Menschen besser, wenn sie sozial vernetzt sind. Andererseits hilft es auch, die Kontrolle zurückzugewinnen – also zu kämpfen. Das geht auch ohne Waffenschrank, und vor allem Männer haben tatsächlich regelrecht Spaß daran, das Waffenarsenal des Arbeitslebens jeden Tag neu auszutesten…

Wie hilft uns das im Alltag? Zum einen können wir mit den Menschen um uns herum leichter umgehen, wenn wir vorhersagen können, wie sie in einer Stresssituation wohl reagieren werden. Zum anderen können wir etwas für die eigene nächste Stresssituation lernen. Kombinieren Sie ganz bewusst die beiden Ansätze, die uns die Natur mitgegeben hat: Fürsorge *und* Kampf. Im konkreten Beispiel sähe die optimale Lösung dann so aus: erst nach Hause, dann Schaumbad und Telefonat mit dem Freundeskreis, eine Nacht drüber schlafen – und am nächsten Morgen ganz ruhig und sachlich dem Chef die Meinung geigen.

Krohne, H.W. & Slangen, K.E. (2005): *Influence of Social Support on Adaptation to Surgery.* Health Psychology, 24, 101–105

Selye, H. (1956): *Stress beherrscht unser Leben.* Düsseldorf: Econ

Taylor, S.E., Klein, L.C., Lewis, B.P., Gruenewald, T.L., Gurung, R.A. & Updegraff, J.A. (2000): *Biobehavioral Responses to Stress in Females: Tend-and-Befriend, Not Fight-or-Flight.* Psychological Review, 107, 411–429

ZIMMERPFLANZEN MACHEN (MANCHMAL) GLÜCKLICH

Selbstwirksamkeitserfahrungen sind der Schlüssel zum Glück – und schon durch Winzigkeiten zu haben

Bleiben wir bei dem miserablen Tag im Büro aus dem vorigen Kapitel: Der Chef hat mal wieder nur an Ihrer Arbeit rumgestänkert, Ihnen nur die langweiligen Projekte aufs Auge gedrückt, und zu allem Überfluss hat sich dann auch noch der wichtigste Kunde über Sie beschwert.

Was denken Sie, wenn Sie abends erschöpft auf dem Sofa sitzen?

❏ Der Chef kann mich halt nicht leiden. Der bevorzugt ganz klar meine Kollegin – da muss wohl der Halo-Effekt (siehe S. 111) eine Rolle spielen.

❏ Es war Vollmond, deswegen war heute nicht mein Tag. Irgendwie haben sich sowieso alle gegen mich verschworen in letzter Zeit. Ich kann es offenbar keinem recht machen, ganz egal, was ich auch tue.

❏ Es lag hauptsächlich an mir. Ich kann und werde morgen einige Dinge anders machen.

Haben Sie die letzte Antwort gewählt, ist das vielleicht im ersten Moment etwas schmerzlich: Sie liegen abends auf dem Sofa, und auf Ihnen ganz allein lastet die komplette Verantwortung für Ihre eigene Misere. Das kann ganz schön schwer drücken. Andererseits stehen die Chancen nicht schlecht, dass Sie ein paar Jahre länger leben – und zusätzlich auch noch glücklicher sind, als wenn Sie eine der ersten beiden Antworten angekreuzt haben.

Wie zufrieden jemand mit seinem Leben ist, hängt nämlich ganz entscheidend davon ab, wie stark seine sogenannte »Kontrollüberzeugung« ist. Das ist die Überzeugung: Ich selbst habe einen Einfluss auf das, was in meinem Leben geschieht. In dem Kapitel »›Blöde Kuh‹ oder ›dumm gelaufen‹? Wie wir uns und den Rest der Welt sehen« (S. 25) haben wir ja bereits gesehen, dass wir in unserem Kulturkreis grundsätzlich eher annehmen, dass die beteiligten Menschen für bestimmte Ereignisse verantwortlich sind und weniger die »äußeren Umstände«. Hier geht es nun konkret um die Frage, inwieweit Sie den Eindruck haben, Sie *selbst* sind dieser Mensch, der die Ereignisse in seinem eigenen Leben steuert – und weniger die Menschen um Sie herum, denen Sie »ausgeliefert« sind.

Wenn Menschen unglücklich sind, kann das viele Ursachen haben. Eines lässt sich aber bei fast allen beobachten: Sie haben in einem oder mehreren Bereichen die Kontrolle über ihr Leben verloren. Kennen Sie das? Sie fühlen sich machtlos, hilflos? Haben den Eindruck, Sie funktionieren nur noch, werden gesteuert, wie eine Marionette? Haben die Verbindung zu sich selbst verloren? Das macht nicht nur unglücklich, sondern auch krank! Herzinfarkt und Depression sind die häufigsten Folgen einer solchen dauerhaften Fremdbestimmung.

Die gute Nachricht ist: Das können *Sie* ändern. Es gibt ein Gegenkonzept – die sogenannte »Selbstwirksamkeitserfahrung«. Das ist die Erfahrung: *Ich* kann mein Leben gestalten! *Ich* kann aus eigener Kraft Dinge verändern!

Dabei geht es gar nicht um die ganz großen Lebensveränderungen, über die wir immer wieder in Zeitschriften lesen (»Diese Menschen haben ihr Leben radikal verändert – Sylvia (42): Von der erfolgreichen Geschäftsfrau zur enthaltsamen Nonne in Afrika – Stefan (38): Vom überzeugten Großstadt-Single zum Selbstversorger-Landei mit Patchwork-Familie«). Schon ganz winzige Veränderungen reichen aus, um sich Kontrolle und Zufriedenheit in Ihr Leben zurückzuholen.

Wie klein diese Veränderungen sein können, zeigt ein interessantes Experiment in Pflegeheimen. Dort leiden Menschen ja oft besonders unter dem Eindruck, nichts mehr selbst bestimmen zu können. Man sagt also den Menschen im Pflegeheim, sie können selbst entscheiden, ob sie eine Zimmerpflanze haben möchten – und seien dann auch ganz allein für die Pflege der Pflanze verantwortlich. Einer Vergleichsgruppe »verordnet« man einfach Zimmerpflanzen und teilt ihnen mit, das Heimpersonal übernehme die Pflege, sie bräuchten sich selbst um nichts zu kümmern.

Später befragt man die Probanden, wie zufrieden sie mit ihrem Leben sind. Das eindrucksvolle Ergebnis: Die Gruppe, die über so scheinbar winzige Details wie eine Pflanze entscheiden kann, ist viel zufriedener als die Vergleichsgruppe. Und der eigentliche Hammer: Eineinhalb Jahre später liegt die Sterberate in der Gruppe, der man diesen kleinen Entscheidungsspielraum gegeben hat, bei 15 Prozent – in der Vergleichsgruppe bei 30 Prozent, also doppelt so hoch!

Unser Rat daher an Sie: Brechen Sie öfter mal! – Die Routine und die Regeln, vor allem, wenn es nur vermeintliche sind. Fangen Sie klein an, sonst geht es in die Hose. Werfen Sie jeden Tag Ihr Lasso aus und holen Sie sich ein kleines Stück Kontrolle über Ihr Leben zurück!

Wenn zum Beispiel in der Teambesprechung die interessanten Themen immer nur an die Kollegin gehen, sagen Sie einfach mal: »Das würde *ich* gern machen!« Ihr Chef wird sich über Ihr Engagement freuen. Wenn Ihnen im Privatleben die beste Freundin täglich vier Stunden Zeit raubt, weil sie ihre eigenen Probleme mit Ihnen ausführlich besprechen muss, sagen Sie: »Ich möchte jetzt mal eine Stunde Zeit für mich haben.«

Dann gibt es noch die scheinbar aussichtslosen Fälle – da haben wir schon tausend Mal probiert, etwas zu ändern und es klappt einfach nicht. »Das geht nie!«, denken wir, aber: Was, wenn es möglich wäre? Nehmen wir zum Beispiel an, Sie quälen sich morgens aus dem Bett, weil bei Ihnen im Büro unbedingt jeder um halb acht anwesend sein soll, obwohl dort vielleicht noch gar nichts los ist um die Uhrzeit. Liebend gerne würden Sie morgens eine Stunde länger schlafen und dafür am Abend auch eine Stunde länger bleiben. Ihren Chef haben Sie schon mehrfach gefragt, er hat mehrfach »Nein« gesagt. Es gibt einen Trick, der in 95 Prozent solcher Fälle gut funktioniert: Bitten Sie darum, es einmal für eine Woche auszuprobieren. Unsere Erfahrung ist: Kaum jemand wehrt sich dagegen, etwas einmal für eine Woche *auszuprobieren*.

Sie werden mit all diesen kleinen Dingen nicht die Welt verändern. Und darum geht es auch gar nicht. Es geht um das Glücksgefühl, mit dem Sie abends in Ihr Bett fallen, weil Sie ein Stück Kontrolle in Ihr Leben zurückgeholt haben. Und um die paar Jahre, die Sie länger leben...

Bandura, A. (1997): *Self-Efficacy: The Exercise of Control*. New York: Freeman

Langer, E. & Rodin, J. (1976): *The effects of choice and enhanced personal reponsibility for the aged: A field experiment in an institutional setting*. Journal of Personality and Social Psychology, 134, 191–198

PROBLEM SEI DANK!

Warum Ihr Unterbewusstsein mit dem inneren Schweinehund unter einer Decke steckt – und wie Sie beiden ein Schnippchen schlagen

> Na, mal wieder versucht, mit dem Rauchen aufzuhören – und doch wieder angefangen? Die guten Vorsätze fürs neue Jahr gefasst – und doch wieder nicht wahrgemacht? Den ewig schwelenden Kleinkrieg mit den Nachbarn versucht anzugehen – und doch nicht beendet?
> Obwohl Sie sich das alles sooo sehr vorgenommen haben? Warum ist der innere Schweinehund stärker – und wie können wir ihm Paroli bieten?

Warum halten wir so oft an unseren unglücklichen Umständen fest, an unseren vielfältigen Zwängen und zermürbenden Konflikten – obwohl wir uns dabei schlecht fühlen und es eigentlich besser wissen?

Die Antwort ist leichter serviert als verdaut: weil es uns Sicherheit gibt!

»Geht's noch?«, denken Sie jetzt vielleicht. Denn eigentlich schränken uns die Zwänge ja ein und machen uns abhängig und unglücklich.

Das ist einerseits lästig und schmerzlich. Andererseits bildet es aber ein schönes Grundgerüst in unserem Leben. Wir haben bisher ja schon gesehen: Unser Gehirn liebt die Kontrolle – und kann es nicht ertragen, keine Kontrolle zu haben! Es klammert sich an alles, was ihm Kontrolle gibt oder vorgaukelt und da kommt jede Art von Grundgerüst gerade recht, selbst wenn es aus Zwängen und Problemen besteht. Dieses Grundgerüst beschert uns eine »Kontrollillusion«. Die Kontrollillusion ist eng verwandt mit glücklich machenden Selbstwirksamkeitserfahrungen, auf die wir hinarbeiten (siehe »Zimmerpflanzen machen (manchmal) glücklich«, S. 123).

Gestatten Sie uns in diesem Zusammenhang ein paar existenzialistische Ausführungen. Was wir uns nur sehr ungern eingestehen, ist: Verglichen mit dem übrigen Weltgeschehen sind wir selbst jeweils kleine Rädchen in einer großen Mühle. Manchmal drehen wir uns aus eigener Kraft, oft sind wir gezwungen, uns einfach mitzudrehen. Selbstverständlich wüssten wir immer gerne, was unsere Zukunft uns so bringt, damit wir uns darauf einstellen können. Letztlich machen wir uns aber etwas vor, wenn wir so tun, als hätten wir die Dinge unter Kontrolle. Denn wenn wir ganz ehrlich zu uns sind, dann kann sich unser Leben schlagartig ändern. Wir erleiden einen Schicksalsschlag – wir tun einen Glücksgriff. Und das alles ohne unser aktives, gezieltes Dazutun. Natürlich können wir einen gesunden Lebenswandel pflegen. Damit erhöhen oder vermindern wir die Wahrscheinlichkeit für das Eintreten bestimmter Lebensumstände. Das allerletzte Wort hat aber immer noch der, die oder das Eine. Sei es Gott, Allah, das Licht, Schicksal, Zufall, Nirwana... Das ist natürlich ganz praktisch und angenehm – so lange es gut läuft. Fängt es an, in unserem Leben zu haken, dann tun wir uns plötzlich sehr schwer damit.

Diese Ausführungen möchten Sie für bestimmte Tendenzen sensibilisieren, die sich bei und in Ihnen einstellen können. Denn es gibt da noch einen mächtigen hausinternen Gegenspieler: unser ureigenes Unterbewusstsein, unseren Schweinehund. Unser Unterbewusstsein kann Unsicherheit und Veränderung nicht ausstehen!

Wenn wir Gewohnheiten, Zwängen, Problemen oder Konflikten bewusst auf den Leib rücken, dann stellt sich unser Unterbewusstsein meist quer. Aus Angst, eine (vermeintlich) hilfreiche Struktur zu verlieren. Denn obwohl im Leben alles unkalkulierbar und kaum kontrollierbar ist, gibt es doch eine große, große Konstante, ein alles aufrechterhaltendes Lebensgerüst: Probleme, Zwänge, innere und äußere Konflikte – wann, wo, wie, mit wem auch immer. Wenn wir im Grunde nichts wissen, so wissen wir dank dieser Probleme, Zwänge und Konflikte doch immer und haargenau, woran wir sind, was richtig ist oder falsch, was man tut oder lässt, wer wann was verbockt hat, welche Probleme uns sicher sind, was wir auf keinen Fall wollen, was immer so bleiben wird und so weiter... So glauben wir, wir hätten doch die Kontrolle über unser Leben – und unser Unterbewusstsein fühlt sich pudelwohl in dieser Illusion.

Eigentlich können wir dankbar dafür sein, dass bislang alles so war, wie es war. Es beschert uns zwar manchmal Unwohlsein und Leid. Aber immerhin hatten wir dadurch eine gewisse Sicherheit, den Eindruck von Kontrolle und (vermeintliche) Selbstwirksamkeitserfahrungen.

Das klingt jetzt vielleicht alles sehr ernüchternd. Deswegen verraten wir Ihnen auch, wie Sie wirklich selbstwirksam werden können: Wo der Widerstand ist, ist der Weg!

Was so poetisch daher kommt, können Sie in Ihrem Alltag ganz konkret und handfest umsetzen: Wenn Sie sich bei Gedanken ertappen, wie zum Beispiel: »Ach, sooo schlimm ist Rauchen nun auch wieder nicht – ich kenne Leute, die haben geraucht und sind über 90 Jahre alt geworden«, »Vorsätze sind dazu da, um gebrochen zu werden« oder: »Was soll's – sollen doch die Nachbarn den ersten Schritt machen«, dann haben Sie damit möglicherweise einen Indikator für Abwehr und Widerstand identifiziert.

Schlagen Sie Ihrem Unterbewusstsein dann ein Schnippchen. Erstens, fragen Sie sich: »Was muss denn passieren, damit alles noch schlimmer kommt?«, und malen sich Ihren ganz persönlichen Worst Case in den schillerndsten Farben und Tönen aus: Raucherlunge, Nachbars Beil in Ihrem Schädel... Schieben Sie dann die zweite Frage hinterher: »Will ich, dass es so weit kommt?« Ihre Antwort wird energisch »Nein« lauten. Machen Sie einen »Preisvergleich«. Welcher Preis ist höher: Alles weiterlaufen, gegen die Wand fahren zu lassen – oder einen gezielten Prozess mit der Aussicht auf nachhaltigen Erfolg anleiern?

So erhöhen Sie Ihre Motivation, doch etwas zu tun, zu verändern.

Zweitens: Unser Unterbewusstsein wäre nicht unser Unterbewusstsein – wäre es nicht unterbewusst. Und besonders empfänglich ist es für Signale auf derselben Frequenz. Tricksen Sie es mit unterbewusster Programmierung aus, mit sogenannten »Autosuggestionen«. Wiederholen Sie im Geiste zum Beispiel: »Ich nutze die Kraft meines freien Willens und lebe von nun an rauchfrei.« Immer und immer wieder. Wichtig dabei ist, dass

Sie eine möglichst knackige und positiv gehaltene Aussage finden, die Ihren Zielzustand abbildet.

Natürlich geht es dabei nicht darum, dass wir den Kosmos gnädig stimmen und im Universum eine wonnige Bestellung aufgeben. Wir stimmen schlicht unser Unterbewusstsein auf den Wandlungsprozess ein. Dort nämlich sind bereits viele Ideen und Lösungsoptionen eingelagert, die sich in der Zwangs-, Problem- und Konfliktsituation selbst noch dem bewussten Zugriff entziehen. Diese Ideen können Sie auf diese Weise nach und nach freisetzen und ins Bewusstsein überführen. So wirkt positives Denken wirklich. Alles wird gut!

Freud, S. (1960): *Das Unbewusste: Schriften zur Psychoanalyse.* Frankfurt/M.: Fischer

Kitz, V. & Tusch, M. (2011): *Ich will so werden, wie ich bin – Für SelberLeber.* Frankfurt/M.: Campus

Murphy, J. (2009): *Die Macht Ihres Unterbewusstseins* (Kap. 2 und 3). München: Ariston

WIE SIE DURCH DAS LEBEN NACH DEM TOD IHR LEBEN VOR DEM TOD VERLÄNGERN KÖNNEN

Mit Glaubenssätzen aus der interreligiösen Psychologie können Sie Ihre Gesundheit fördern

Ob Sie es glauben oder nicht: Religiöse Menschen leben länger. Das belegen zahlreiche Studien.

Auf welche Ursache würden Sie tippen?

❏ Kein Wunder – viele Religionen bieten ja ausdrücklich ein optionales »Leben-nach-dem-Tod-Paket« an.

❏ Religionen schränken den Menschen durch Regeln ein und verbieten ihm dadurch so manches gesundheitsschädliche Laster.

❏ Religionen können dem Menschen eine besondere Kontrolle über sein Leben geben.

Religion hat ohne Zweifel ihre Schattenseiten – viele Menschen sind im Lauf der Jahrtausende im Namen von (missbrauchten) Religionen unterdrückt und gar getötet worden. Zu allen Zeiten haben Menschen Religionen kritisiert, bis heute. Und nicht jede Kritik ist von der Hand zu weisen. Aber haben Sie schon einmal darüber nachgedacht, warum sich Religionen trotzdem seit mehr als 100 000 Jahren halten können? Kein Zweifel: Sie müssen unterm Strich einen Nutzen für die Menschheit haben, sonst wären sie im Lauf der Zeit längst der Evolution zum Opfer gefallen.

Studien aus mehreren Jahrzehnten zeigen in der Tat einen positiven Zusammenhang zwischen religiöser Überzeugung und der Lebensdauer – und damit ist nicht das ewige Leben nach dem Tod gemeint, das manche Religionen uns verheißen, sondern das ganz normale Leben vor der Trauerfeier. Bis zu 30 Prozent soll ein religiöses Leben die Sterbewahrscheinlichkeit senken. Auch zufriedener und gesünder scheint uns die Religion zu machen. Eine plausible Erklärung für diese Zusammenhänge war lange Zeit schwer zu finden.

Neuere Untersuchungen legen nun nahe, dass dieser Befund mit der Selbstkontrolle zu tun haben könnte. Weiter oben (in dem Kapitel »Zimmerpflanzen machen (manchmal) glücklich«, S. 123) haben wir bereits gesehen, dass zufrieden und gesund ist, wer Kontrolle über sein Leben empfindet.

Wie kann jetzt ausgerechnet die Religion uns mehr Selbstkontrolle verschaffen, wo sie uns doch gerade bestimmte Werte und Verhaltensregeln von außen vorgibt?

Nun, hier geht es selbstverständlich nur um das alltägliche religiöse Verhalten der Massen und nicht um destruktiv-gewaltsame Handlungen bestimmter fundamentalistischer Gruppen. Die alltägliche Religion der Massen kommt ja ohne Waffen und Gewalt aus – sie selbst »zwingt« noch niemanden körperlich dazu, ihre Werte zu achten. Nur weil ich zum Bespiel katholisch bin, legt mir der Papst noch lange keinen Keuschheitsgürtel um, den er erst wieder in der Hochzeitsnacht persönlich entfernt. Ob ich eine Regel »Kein Sex vor der Ehe« befolge, bleibt letztlich nur mir selbst überlassen.

Identifiziere ich mich aber mit den Zielen »meiner« Religion, dann werden diese Ziele im wahrsten Sinne des Wortes für mich »heilig«. Sie werden mystisch aufgeladen und entwickeln eine ganz besondere Kraft, die mir hilft, meine Trägheit zu überwinden. Es macht eben einen Unterschied, ob »der bettlägerigen Nachbarin öfter mal beim Einkaufen zu helfen« nur ein Neujahrsvorsatz ist oder ein religiös aufgeladener Wert. Ich entwickle eine stärkere Kraft, um mystisch aufgeladene Werte einzuhalten – und bin am Ende erfolgreicher damit. Das wiederum verschafft mir ein schönes Kontrollerlebnis, das mich glücklich und gesund macht und mich gleichzeitig dazu anspornt, auch weitere Bereiche meines Lebens beherrschen zu wollen.

Diesen »Trick« können natürlich auch nichtreligiöse Menschen anwenden: Laden Sie einfach Ihre Ziele mit einem höheren, strahlenden Wert auf – mit Nächstenliebe, mit Umweltschutz, Tierschutz, Gesundheit oder einfach Ihrem Beitrag zu einer besseren Gesellschaft. Ihr

Körper wird es Ihnen mit dem Glücksgefühl der stärkeren Selbstkontrolle danken. Und mit einem längeren Leben – vor dem Tod.

McCullough, M. E. & Willoughby, B. L. B., (2009): *Religion, Self-Regulation, and Self-Control: Associations, Explanations, and Implications.* Psychological Bulletin, 135, 69–93

»ER STEHT EINFACH NICHT AUF DICH« – WIE WIR FÜR ALLES EINE ERKLÄRUNG FINDEN

Kontrollillusionen können Ihnen helfen – trotzdem sollten Sie sich vor ihnen hüten

Schauen Sie sich diese Zeichnung an. Was erkennen Sie?

Haben Sie Figuren in den Punkten erkannt? Tiere? Bäume? Oder rein gar nichts? Ihre Antwort kann sehr viel über Ihre momentane Verfassung aussagen. Dazu gleich mehr.

Zuerst schauen wir uns eine berühmte Szene der Fernsehgeschichte an. Erinnern Sie sich noch an den inzwischen legendären »Er-steht-einfach-nicht-auf-dich«-Dialog aus der Fernsehserie »Sex and the City«? Eine der Figuren fragt sich, warum ein Mann sie noch nicht zurückgerufen hat, den sie kürzlich kennengelernt hat. Sie sucht nach allen möglichen Gründen – bis ihr jemand zuruft: »Er steht einfach nicht auf dich!« Die Szene hat in Nullkommanichts Kultstatus erreicht; es folgten sogar ein eigenes Buch und ein eigener Film nur mit diesem Titel. Thema jeweils: Wie wir uns mit allerlei Nonsens die Welt erklären.

Weiter oben haben wir ja schon gesehen: Glücklich und gesund ist, wer Kontrolle über sein Leben hat. Unglücklich und ungesund ist, wem die Kontrolle fehlt. Nun gibt es verschiedene Stufen des Kontrollerlebnisses. Die größte Kontrolle habe ich, wenn ich die Zusammenhänge nicht nur verstehe, sondern auch aktiv Einfluss nehmen kann (zum Beispiel verstehe ich, wie ein Telefon funktioniert, weiß, dass auch ich die Nummer meiner Bekanntschaft habe und selbst einfach mal anrufen könnte – aber das nur nebenbei). Dann gibt es Ereignisse, die wir selbst zwar nicht unmittelbar beeinflussen können, die wir uns aber immerhin erklären können. Allein diese »Erklärhoheit« gibt uns ein gewisses Kontrollempfinden – denn wenn wir Ursache und Wirkung kennen, dann bedeutet das auch: Wir können eine bestimmte Wirkung voraussagen und zumindest theoretisch etwas an der Situation ändern, indem wir die Ursache verändern.

Am schlimmsten ist es, wenn beides fehlt: Wenn wir keinen Einfluss auf ein Ereignis haben *und* wir uns das Ereignis noch nicht einmal erklären können. Wir haben dann den Eindruck, wir seien einem chaotischen Zufall oder irgendeiner unerklärlichen Willkür ausgeliefert – und hätten die Kontrolle komplett verloren. Das Gleiche gilt, wenn zwar eine Erklärung auf der Hand liegt (»Er steht einfach nicht auf mich«), wir diese Erklärung aber nicht akzeptieren wollen. Auch in diesem Fall »fehlt« uns unterm Strich eine Erklärung für das Geschehen.

Diese Hilflosigkeit ist so unerträglich, dass unser Gehirn sie nicht zulässt. Es versucht verzweifelt, die Kontrolle zurückzugewinnen – und der erste Schritt auf dem Weg dahin ist, eine Erklärung zu finden.

Studien zeigen: Je mehr uns die Kontrolle entgleitet, desto stärker fantasieren wir uns Erklärungen für alles um uns herum zusammen. Und hier kommt nun Ihre Interpretation des Punkte-Bilds von oben ins Spiel. In einem Experiment stellt man zwei Gruppen von Menschen genau die gleiche Frage: »Was sehen Sie in diesem Bild?« Allerdings hat man vorher mit den beiden Gruppen unterschiedliche Vorstellungsübungen gemacht: Die Menschen der ersten Gruppe sollten sich eine Situation aus ihrem Leben vorstellen, die ihnen über den Kopf gewachsen war. Die der zweiten Gruppe sollten sich an eine Situation erinnern, die sie völlig entspannt unter Kontrolle hatten.

Diese unterschiedlichen Vorstellungen haben einen starken Einfluss darauf, was die Menschen auf dem Bild sehen. Die entspannte Gruppe erkennt ganz entspannt und zutreffend: »Dahinter steckt kein System.« Die Gruppe, die sich zuvor die hilflose Situation vorgestellt hat, sieht hingegen in der Zeichnung viele (in Wahrheit nicht vorhandene) Muster und Gesetzmäßigkeiten: Tiere, Figuren, Worte. Auch wenn man den beiden Gruppen wirre Börsendaten vorlegt, erkennt die eine Gruppe darin Trends und Gesetzmäßigkeiten. Die andere sieht – zutreffend – nur einen chaotischen Datenberg.

Fazit: Wenn wir uns hilflos fühlen, hören wir überall das Gras wachsen und reimen uns aus zufälligen Puzzleteilen eine Erklärung zusammen. Je mehr Kontrolle wir aber generell über unser Leben haben, desto eher sind wir in der Lage, uns auch mal damit abzufinden, dass bestimmte Dinge nur ein unstrukturiertes Chaos darstellen.

Nun zur Wahrheit: Das Bild oben enthält keine Ordnung und keine Figuren. Es ist eine chaotische Ansammlung von Punkten. Wenn Sie das auch so gesehen haben, scheinen Sie momentan eine ganz gute Kontrolle über Ihr Leben zu haben. Je mehr Ordnung Sie in das Bild hinein interpretiert haben, desto stärker ist möglicherweise Ihr Bedürfnis nach Kontrolle – und desto mehr könnte Ihnen diese Kontrolle momentan in Ihrem Leben fehlen.

Aberglauben zum Beispiel ist der verzweifelte Versuch unseres Gehirns, sich Dinge zu erklären, wenn wir uns hilflos fühlen. Auch Verschwörungstheorien entstehen aus unserem Kontrollbedürfnis. Selten zum Beispiel hat sich die westliche Welt so hilflos gefühlt wie nach den verheerenden Anschlägen auf das New Yorker World Trade Center am 11. September 2001. Und selten hat die westliche Welt mehr Verschwörungstheorien hervorgebracht. Ganze Internetseiten und sogar Filme mit allen möglichen Erklärungen sind entstanden. Hartnäckig hält sich zum Beispiel die These, amerikanische Geheimdienste selbst hätten die Türme gesprengt.

Auch an der Börse kann das Bedürfnis nach »Kontrolle durch Erklärung« zum Verhängnis werden: Je hilfloser die Lage wird, desto stärker »erkennen« Investoren in den Kursverläufen Muster und Gesetzmäßigkeiten, die es gar nicht gibt. Und desto überzeugter werden sie, alles unter Kontrolle zu haben – und stürzen sich (und andere) nur noch weiter ins Verderben.

Die meisten von uns wissen, dass ein Schornsteinfeger

kein Glück bringt und eine schwarze Katze kein Pech. Aber es lohnt sich, ab und zu einmal zu prüfen, ob wir uns nicht auch in ganz plausibel erscheinenden Erklärungen einen Schornsteinfeger vormachen. Vielleicht gibt es eine nahe liegende Erklärung, die wir einfach nicht wahrhaben wollen. Oder es gibt tatsächlich keine Erklärung. Es ist eine gute Übung, auch dieses »Gefühl«, keine Erklärung zu haben, einmal bewusst zuzulassen und auszuhalten.

Whitson, J. A. & Galinsky, A. D. (2008): *Lacking Control Increases Illusory Pattern Perception*. Science, 322, 115–117

WIE SIE SICH UNTER DIE HAUBE BRINGEN, OBWOHL NIEMAND SIE HABEN WILL

Mit der künstlichen Verknappung aus der Werbepsychologie können Sie sich besser vermarkten

Seit Ihre beste Freundin mit diesem neuen Typen zusammen ist, wird sie von anderen angegraben ohne Ende. Krähte vorher nach ihr kein Hahn, so bekommt sie jetzt Komplimente bis zum Abwinken, wird eingeladen und ist begehrt bis zum Gehtnichtmehr. Und das alles nur, weil sie jetzt ein paar Jahre mehr auf dem Buckel, einen neuen Ring an der Hand und weitere unter den Augen trägt?

Wie ist es möglich, dass sich ihr Marktwert entgegen den Gesetzen der Natur gesteigert hat – sollte gar ein Wunder geschehen sein? Ist doch irgendwie ungerecht, oder? Und wie können Sie selbst solche Wunder für Ihre eigene Lebensplanung vollbringen?

Das »Wunder« ist ganz rasch durch ein paar billige Tricks aus der Werbepsychologie erklärt: Ihre Freundin verknappt sich künstlich.

Die Strategie der »künstlichen Verknappung« können Sie immer nutzen, wenn Sie Ihre eigene Verhandlungsposition stärken und Ihren »Preis« in die Höhe treiben wollen. Unser Markt folgt den Gesetzen von Angebot und Nachfrage – der Preis spiegelt das Verhältnis zwischen diesen beiden Größen wider.

Unser Alltagsbewusstsein glaubt nämlich: Der Preis einer Ware sagt etwas aus über den Wert dieser Ware – je teurer, desto besser. Das heißt auch, dass hohe Preise (vermeintlich) »beweisen«, dass etwas schwer zu haben ist, weil es stark gefragt ist und nur begrenzt angeboten wird.

Und genau diese Logik machen wir uns bei der künstlichen Verknappung zunutze. Wir begrenzen unsere Verfügbarkeit, die Verfügbarkeit unserer Leistung, unseres Produktes – worum auch immer es gerade geht. Auf diese Weise treiben wir den Preis in die Höhe. Wenn Porsche zum Beispiel den 911 Speedster mit einem Kaufpreis von über 200 000 € möglichst rasch an den Mann (und die eine oder andere Frau) bringen will, dann muss der Sportwagenhersteller nur eine limitierte Edition von 356 Exemplaren daraus machen. Und schwupps, sind die Karren noch am Tage ihrer Präsentation fast ausverkauft.

Selbstverständlich funktioniert das Ganze auch, wenn wir uns in etwas bescheideneren Dimensionen bewegen: Warum sind bestimmte »Angebote« zeitlich extrem begrenzt? Und werden bestimmte Rabattaktionen höchst kurzfristig und »ausnahmsweise« nur für kurze Zeit verlängert? Denken Sie an die »Schnäppchen« der Elektronikmärkte, die limitierten Zins-Aktionen der Banken und Bausparkassen... Glauben Sie, es gäbe eine sachlich-logische Erklärung dafür, dass ein bestimmter Preis nur genau bis zu dem und dem Tag gehalten werden kann? Und keine Sekunde länger?

Warum steigert – psychologisch gesehen – die künstliche Verknappung die Attraktivität einer Ware oder Dienstleistung – die ja doch dieselbe bleibt? Diesen Effekt können wir mit der Rechtfertigung des Aufwandes und der Dissonanztheorie (siehe S. 66) erklären: Wenn ich viel Einsatz zeigen, mich für etwas so richtig ins Zeug legen muss, dann empfinde ich später viel mehr Wertschätzung dafür. Ich kann ja schlecht denken: »Ich habe mir ein Bein dafür ausgerissen, aber eigentlich war es der Schwachsinn nicht wert.« Es ist viel selbstwertdienlicher, mich selbst zu beschummeln und mir zu suggerieren: »Ich habe mir ein Bein dafür ausgerissen, und das ist die wahnsinnig rasend-tolle Sache wert!«

Außerdem haben wir das starke Bedürfnis, als Individuen wahrgenommen zu werden, wir wollen uns von unseren Mitmenschen unterscheiden, einzigartig sein. Und wie schaffen wir das? Wir kaufen Dinge, die eben nicht jedermann oder jedefrau hat.

Und was lernen wir jetzt daraus?

Erstens: Vorsicht bei Rabattaktionen! Prüfen Sie, ob sich die Sache wirklich lohnt. Manchmal können Sie viel Besseres für viel weniger Geld kriegen.

Zweitens, und noch viel wichtiger: Wenn Sie noch Single und auf der Suche nach Anschluss sind, dann lassen Sie's nicht so raushängen. Täuschen Sie Ihren potenziellen »Opfern« vor, Sie seien extrem rar und schwer zu bekommen. Das hat allerdings nichts damit zu tun, dass Sie sich selten *zeigen* sollten – wie Sie dem »Effekt der bloßen Darstellung« (davon im nächsten Kapitel mehr) entnehmen können. Sie sollen einfach schwer zu *erobern* sein! Lassen Sie die anderen strampeln, sich engagieren. Sie sind das knappe, kostbare Gut! (Bleiben Sie natürlich trotzdem freundlich.) Sie werden ruckzuck einen engagierten, dankbaren und stolzen Abnehmer finden.

Mayer, H. O. (2005): *Einführung in die Wahrnehmungs-, Lern- und Werbepsychologie* (Kap. 5). München: Oldenbourg

LIEBE AUF DEN 1000. BLICK: VON HOLLYWOOD FÜRS LEBEN LERNEN

Mit dem »Effekt der bloßen Darstellung« können Sie den Partner fürs Leben an sich binden – und sich bei Ihrem Chef einschleimen

Eine romantische Hollywood-Komödie, erste Szene: Held und Heldin treffen ganz zufällig kurz aufeinander. Vielleicht hat er nur beim Bäcker seinen Regenschirm vergessen und sie ruft ihm hinterher. Beide finden sich gegenseitig weder besonders schlimm noch besonders toll. Von Liebe auf den ersten Blick kann keine Rede sein; beide vergessen die Begegnung sofort wieder.
Und doch wissen Sie als Zuschauer: Diese beiden werden heiraten!
Dann sehen sich beide am nächsten Tag zufällig beim Lunch aus der Ferne. Das kommt nun öfter vor, denn *er* hat gerade einen Job in derselben Straße angetreten, in der *sie*

> auch arbeitet. Abends begegnen sie sich öfter zufällig im Park, denn beide führen nach der Arbeit noch ihren Hund aus.
>
> Schon sind sie verliebt. Und verheiratet. Obwohl sie sich eben noch völlig egal waren.
>
> Fantastisches Hollywood? Schauen wir uns die Realität an.

Können sich zwei Menschen, die sich anfangs gar nicht füreinander interessierten, plötzlich so sehr mögen – nur weil sie sich noch ein paar Mal zufällig aus der Ferne gesehen haben? Alles Hollywood?

Nein, der Effekt ist wissenschaftlich nachgewiesen. Wir nennen ihn den »Effekt der bloßen Darstellung«. Er besagt: Wir mögen Menschen (oder auch Dinge) lieber, je öfter sie uns einfach nur »dargeboten« werden, wir sie also wahrnehmen. Ganz automatisch! Je öfter wir einen Menschen – bewusst oder zufällig – sehen, desto eher finden wir ihn sympathisch und attraktiv. Einzige Bedingung: Wir empfanden nicht gleich die erste Begegnung als negativ – in diesem Fall wird uns der Betreffende mit jedem weiteren Mal noch unsympathischer. War die erste Begegnung aber mindestens neutral, steigert jede weitere die Attraktivität, die wir für die Person empfinden.

Bewiesen ist das zum Beispiel durch das Seminarraum-Experiment: Man schleust in eine Vorlesung Lockvögel ein, die sich einfach nur unter die Zuhörer mischen. Sie reden mit niemandem, beteiligen sich nicht am Unterricht, sondern sitzen einfach nur da und gehen wieder. Unterschiedliche Lockvögel nehmen unterschiedlich oft an der Vorlesung teil – zwischen 0 und 15 Mal. Hinterher zeigt man den »echten« Studierenden Fotos der Lockvögel und fragt sie, wie sympathisch und attraktiv sie die abgebildete Person jeweils finden. Das Ergebnis: Je öfter ein Lockvogel einfach nur anwesend war, desto sympathischer und attraktiver erscheint er den anderen. Obwohl er nie mit jemandem auch nur ein Wort gewechselt hat!

Auf dem »Effekt der bloßen Darstellung« beruht auch der »Nähe-Effekt«: Menschen in unserer Nähe werden am wahrscheinlichsten unsere Freunde. Nun ist es nicht erstaunlich, dass ich mich mit jemandem aus meiner Stadt eher anfreunde als mit jemandem von einem anderen Kontinent. Aber der Nähe-Effekt wirkt selbst auf Ihrer eigenen Etage, in Ihrem eigenen Hausflur: Untersuchungen in Studentenwohnheimen zeigen, dass die meisten Bewohner am engsten mit ihren unmittelbaren Nachbarn befreundet sind. Schon zu den Bewohnern am anderen Ende des Flurs haben sie hingegen kaum eine Beziehung – und das, obwohl das andere Ende des Flurs auch nur wenige Meter entfernt ist, obwohl dort auch interessante, sympathische Menschen leben und es auch ziemlich einfach wäre, über die paar Meter Distanz eine Freundschaft aufzubauen. So banal sich der Nähe-Effekt also auf den ersten Blick anhört – *wie* stark er wirkt, ist dann doch verblüffend.

Wieso funktionieren wir so? Den Grund dafür haben wir schon im Kapitel »Wie zum Stöhnen die Lust kommt – oder der Schmerz« (S. 30) kennengelernt. Wir entwickeln im Kopf Schemata, die uns helfen, mit wiederkehrenden Situationen umzugehen. Je häufiger ein bestimmtes Schema aktiv ist, desto stärker steigt die »Verarbeitungsflüssigkeit« in unserem Gehirn. Und je leichter wir ein Ereignis verarbeiten können, desto angenehmer finden wir es. Unser Gehirn spart sich gern Arbeit.

Nicht nur wenn wir Menschen begegnen, findet der »Effekt der bloßen Darstellung« statt. Er gilt auch für Dinge, Situationen, Worte. Hören wir zum Beispiel im Radio binnen weniger Minuten zwei kurze Werbespots für dieselbe Marke, dann setzt die Marketingstrategie genau auf diesen Effekt. Ein großes Marketingbudget, das uns die Marke an allen Ecken möglichst oft »darbietet«, beeinflusst uns also tatsächlich – auch wenn wir das oft nicht bewusst merken oder wahrhaben wollen.

Sogar die Wahrheit relativiert sich durch Wiederholung: Wir halten Aussagen tatsächlich eher für wahr, wenn wir sie mehrfach hören. Wie oft kanzeln sich Gäste in Talkshows gegenseitig mit dem Satz ab: »Ihre Behauptung wird nicht dadurch wahr, dass Sie sie ständig wiederholen!« Doch dieser Satz ist erwiesenermaßen falsch – in Studien wurde dieser sogenannte »Truth-Effekt« anschaulich gezeigt. Zeitgenossen, die ständig »dieselbe Leier« erzählen, mögen wir daher zwar als nervig empfinden; irgendwann glauben wir aber tatsächlich, was sie sagen.

Was machen wir aus diesen Erkenntnissen?

Erstens: Setzen Sie nicht allzu sehr auf die Liebe auf den ersten Blick! Wie viele Menschen daten sich durch ihr Leben und hoffen vergeblich auf den großen »Bang« beim ersten Treffen! Sind Sie sich auf den ersten Blick nicht richtig unsympathisch, dürfen Sie also ruhig noch ein paar weitere Blicke riskieren und schauen, wie sich die Sache entwickelt. Auf jeden Fall werden Sie Ihr Date dann mit der Zeit lieber mögen – ob das am Ende in eine erotische Beziehung mündet oder »nur« in eine Freundschaft, hängt davon ab, ob Sie den anderen auch körperlich anziehend finden. Denn körperliche Anziehung bleibt eine Voraussetzung für eine erfolgreiche Beziehung, die auch der »Effekt der bloßen Darstellung« (leider) nicht ausgleichen kann. Kombinieren Sie die Erkenntnisse aus diesem Kapitel auch mit denen zur künstlichen Verknappung (siehe vorangegangenes Kapitel): *Zeigen* Sie sich zwar oft, aber seien Sie nicht leicht zu *bekommen*!

Zweitens: Wollen Sie sich bei jemandem beliebt machen, bieten Sie sich dieser Person möglichst oft dar, indem Sie sich einfach öfter in ihrer Nähe aufhalten. Wenn Ihr Chef Sie zum Beispiel sympathisch findet, kann das Ihre Karriere dramatisch befördern. Noch viel mehr gilt das für die Chefin Ihres Chefs – die Sie vielleicht bisher noch gar nicht persönlich kennt, die aber bestimmt einmal ein Wörtchen mitreden wird, wenn es um Ihre Beförderung geht. Auch bei ihr können Sie jetzt schon Sympathiepunkte sammeln, indem Sie ihr einfach oft begegnen, zum Beispiel morgens zufällig auf dem Flur oder regelmäßig in der Kantinenschlange. Kommt dann der

Zeitpunkt X, wird Ihre Chef-Chefin Sie bereits heiß und innig lieben – ohne dass Sie ihr je persönlich vorgestellt worden sind.

Drittens: Wenn Sie eine »Wahrheit« verkaufen wollen, wiederholen Sie sie gebetsmühlenartig. »Steter Tropfen höhlt den Stein«, sagt der Volksmund, der natürlich wieder einmal verblüffend recht hat.

Und viertens: Passen Sie auf, dass andere nicht mit solch billigen Tricks *Sie* manipulieren.

Graziano, W. G., Jensen-Campbell, L. A., Shebilske, L. J. & Lundgren, S. R. (1993): *Social influence, sex differences and judgements of beauty: Putting the interpersonal back into interpersonal attraction.* Journal of Personality and Social Psychology, 65, 522–531

Hasher, L., Goldstein, D. & Toppino, T. (1977): *Frequency and the conference of referential validity.* Journal of Verbal Learning and Verbal Behavior, 16, 107–112

Moreland, R. L. & Beach, S. R. (1992): *Exposure effects in the classroom: The development of affinity among students.* Journal of Experimental Social Psychology, 28, 255–276

Moreland, R. L. & Zajonc, R. B. (1982): *Exposure effects in person perception: Familiarity, similarity, and attraction.* Journal of Experimental Social Psychology, 18, 395–415

ZIEHEN SICH GEGENSÄTZE AN ODER AUS?

Das Ähnlichkeitsprinzip verhilft Ihnen zu guten Lebensprognosen

Sie sitzen bei einem gemeinsamen Mittagessen mit Ihrer besten Freundin beim Italiener. Sie schwärmt von ihrer neuen Flamme: Unverschämt gut sieht er aus – kein Wunder, denn er ist Brasilianer. Ihm wurden Rhythmus und Musik in die Wiege gelegt, als Gitarrist reist er mit seiner Band durch die Welt. »Spätestens alle zwei Jahre wechselt der den Wohnort«, gluckst Ihre Freundin glücklich-erregt zwischen Salat und Pasta. »Sonst ist es ihm zu langweilig. Ist das nicht wahnsinnig spannend?«

Ihre beste Freundin selbst ist in einem kleinen Ort auf dem Lande aufgewachsen, in dem sie bis heute wohnt. Nur für ihre Arbeit in der Personalabteilung einer Bank pendelt sie jeden Tag in die Großstadt. Punkt 16 Uhr macht sie Feierabend und freut sich auf zu Hause, auf ihr Sofa und ihre zwei Katzen.

> Was sagen Sie?
> - »Du Glückspilz! So ein aufregender Mann! Das ist genau das, was du in deinem Leben brauchst. Mit dem wird dir auch in dreißig Jahren nicht langweilig sein. Ich sag ja immer: Gegensätze ziehen sich an!«
> - »Vergiss es. Er passt nicht zu dir. Es heißt ja nicht umsonst: Gleich und gleich gesellt sich gern.«
> - »Perfekter Fang für einen One-Night-Stand!«

Tja, da haben wir den Salat: Der Volksmund wartet mit zwei Weisheiten auf, die sich auf den ersten Blick völlig widersprechen. So gern glauben wir an die Geschichte mit den Gegensätzen: an den Traumprinzen, der völlig anders ist als wir, der plötzlich in unser Leben eintaucht, es bereichert, uns neue Welten zeigt. Gern sehen wir eine Partnerschaft als Symbiose, in der sich zwei Menschen gegenseitig »ergänzen«. Kaum jemand wünscht sich hingegen offen einen Partner, der so ähnlich ist wie er selbst. »Langweilig«, sagen da die meisten, »ich möchte doch nicht mit mir selbst zusammen sein.«

Doch was ist wirklich besser für eine langfristige Beziehung? Die Antwort der Wissenschaft ist eindeutig: Je ähnlicher sich zwei Menschen sind, desto wahrscheinlicher bleiben sie zusammen. Je mehr Unterschiede es gibt, desto wahrscheinlicher werden sie sich trennen! Klares 1:0 also für »Gleich und gleich...«.

Das gilt für alle Eigenschaften: Herkunft, Alter, Ausbildung, Beruf, Hobbys, politische Ansichten, Charakter, Kommunikationsstil.

Das »Ähnlichkeitsprinzip« sticht das »Komplementaritätsprinzip« regelmäßig an allen Fronten aus. Wir alle tragen die große Sehnsucht nach dem »aufregend Anderen« in uns – aber überlegen Sie selbst: Kennen Sie ein Paar, das sich getrennt hat mit der Begründung: »Wir sind uns zu ähnlich«? Sehen Sie! »Wir sind einfach zu unterschiedlich«, hört man da schon öfter.

Auch die »offene Zahnpastatube im Badezimmer«, die der Legende nach so manche Partnerschaft ruiniert, ist an sich in Wirklichkeit niemals das Problem. Zum Problem wird sie nur, wenn die Partner unterschiedliche Ordnungsvorstellungen haben: Den einen stört sie dann, den anderen nicht. Haben beide hingegen die gleichen Vorstellungen von (Un-)Ordnung, dann wird sich keiner jemals an einer Zahnpastatube reiben – ob sie nun offen ist oder von der CIA versiegelt.

Das klare Fazit unzähliger Studien lautet: Zwei Partner können sich gar nicht ähnlich genug sein! Am meisten Erfolg versprechend wäre es tatsächlich, mit seinem eigenen Klon zusammen zu sein. Glauben Sie nicht? Studien ergeben, dass wir sogar die Menschen körperlich attraktiv finden, die so ähnlich *aussehen* wie wir: Die Merkmale eines Gesichts (Proportionen, Form und Lage von Wangenknochen, Kinn und so weiter) lassen sich nämlich in das andere Geschlecht »umrechnen«. Lässt man nun Probanden aus mehreren Fotos dasjenige auswählen, das sie am attraktivsten finden, dann greifen sie (ohne es zu wissen) zielsicher zu dem Gesicht, für das sie selbst Pate gestanden haben! Dies bezeichnet man als soziale Homophilie. Diese Bezeichnung hat nichts mit Homosexualität zu tun, sondern beschreibt generell den Umstand, dass wir uns zu Menschen hingezogen fühlen, die uns ähnlich sind. Die häufige Beobachtung, dass Partner sich ähnlich sehen, ist wissenschaftlich also tatsächlich belegbar.

Das Gesetz der Ähnlichkeit gilt natürlich nicht nur in Liebesbeziehungen. Auch mit Freunden, Arbeitskollegen, Nachbarn und allen anderen Menschen kommen wir erwiesenermaßen besser aus, je ähnlicher wir ihnen sind. Sie sind uns einfach sympathischer.

Eine Erklärung dafür haben wir schon kennengelernt (siehe vorheriges Kapitel): den »Effekt der bloßen Darstellung«. Er sorgt dafür, dass wir das sympathischer finden, was uns oft dargeboten wird. Und mit wem werden wir jeden Tag am häufigsten konfrontiert? Wen sehen wir jeden Tag im Spiegel? Genau. Uns selbst. Alles, was uns ähnlich ist, können wir daher gedanklich leicht verarbeiten. Und weil sich unser Gehirn gern Arbeit spart, liebt es alles, was es schon kennt. Eine Beziehung mit jemandem, den wir schon »kennen«, ist weniger anstrengend als eine Beziehung mit einem »Fremden«. Außerdem sehen wir uns durch ähnliche Menschen gemocht und bestätigt – was unser unstillbares Bedürfnis nach Liebe und Anerkennung befriedigt.

Aber ist »Gegensätze ziehen sich an« denn nun ganz falsch? Nicht, wenn Sie nur eine Affäre suchen. Das ist die einzig wissenschaftlich bewiesene Ausnahme: Suchen wir das kurze Abenteuer, dann bevorzugen wir tatsächlich Partner, die ganz anders sind als wir – und erleben mit ihnen die größere Befriedigung.

Im Beispiel von oben können Sie mit diesem Wissen nun die einzig richtige Antwort geben. Und wenn Sie sich selbst unsicher sind, ob die aktuelle Bekanntschaft eher eine Affäre ist oder was fürs Leben – dann vergleichen Sie ehrlich, wie ähnlich Sie beide sich sind.

Aber – wie gesagt – nicht nur in der Liebe hilft das Ähnlichkeitsprinzip: Bewerben Sie sich zum Beispiel um einen Job oder eine Wohnung, steigen Ihre Chancen umso mehr, je sympathischer Sie Ihr Gegenüber findet. Also: Je mehr Gemeinsamkeiten Sie haben! Versuchen Sie daher möglichst einen Vorstellungstermin bei jemandem zu bekommen, der Ihnen sehr ähnlich ist:

nach Alter, Herkunft, Ausbildung, Familienstand, Hobbys. Recherchieren Sie vorab so viele Eigenschaften Ihres Gesprächspartners wie möglich – und stellen Sie im Gespräch alle Ähnlichkeiten heraus: »Wir haben ja beide früher Fußball gespielt, wenn ich recht informiert bin. Und ebenso wie Sie bin ich ein großer Südafrika-Fan...« Das wirkt mehr als jedes Zeugnis – glauben Sie das der Wissenschaft.

Amodio, D. M. & Showers, C. J. (2005): ›Similarity breeds liking‹ revisited: The moderating role of commitment. Journal of Social and Personal Relationships, 22, 817–836

Hinsz, V. B. (1989): Facial Resemblance in Engaged and Married Couples. Journal of Social and Personal Relationships, 6, 223–229

McPherson, M., Smith-Lovin, J. & Cook, J. M. (2001): Birds of a feather: Homophily in Social Networks. Annual Review of Sociology, 27, 415–444

WARUM FAMILIENFEIERN VON VORNHEREIN UNENTSPANNT SEIN *MÜSSEN*

Die Balancetheorie aus der Sozialforschung zeigt Ihnen einen Trick für mehr Familienfrieden

> Sie organisieren eine Feier für Freunde und Familie – sagen wir eine mittelgroße Hochzeitsfeier. Sie freuen sich. Schöner Anlass, schönes Fest. Schön, alle mal wieder zu sehen. Schön?
>
> Stopp: Ist es nicht so, dass Ihre Schwester nicht sonderlich mit der gemeinsamen Schwägerin kann? Dass Ihr Schulfreund Peter seit anno dazumal im Clinch mit… Wenn die sich jetzt begegnen? Und wer sitzt neben wem? Eigentlich mögen Sie beide. Naja, vielleicht hat Peter damals übertrieben? Und wenn Sie so darüber nachdenken – ganz unschuldig ist die Schwägerin ja auch nicht. Eigentlich ein intrigantes Miststück!

> So schnell können unsere lieben Mitmenschen in Ungnade fallen.
> Wie ist das zu erklären?

Aufschluss gibt uns die sogenannte »Balancetheorie« aus der Sozialpsychologie. Sie ist eine Einstellungstheorie – sie erklärt, warum und wie wir Meinungen und Einstellungen bilden, anpassen, verändern.

Wir gehen im einfachen Fall von drei Personen aus: Die drei Personen stehen miteinander in einem Beziehungsdreieck – wie Sie, Ihre Schwester und die Schwägerin im obigen Beispiel. Alle drei Personen haben so ihre gedanklichen Einstellungen – und die Einstellungen haben eine Tendenz zur Balance. Was passiert, wenn die Balance gestört ist (soll ja im menschlichen Miteinander durchaus mal vorkommen)? Wir fühlen uns unwohl und suchen eine Möglichkeit, die Harmonie wiederherzustellen. Und da es schier unmöglich ist, unsere Mitmenschen und deren Meinungen zu verändern, gehen wir einfach den Weg des geringsten Widerstandes und verändern uns selbst! Wir basteln uns unsere innere Balance zurecht – dass wir dazu grundsätzlich tendieren, haben wir schon in dem Kapitel über die kognitive Dissonanz (S. 66) gesehen.

Wie das nun genau funktioniert, erklärt uns der bekannte Psychologe Fritz Heider, der schon 1946 das entsprechende P-O-X-Modell entwickelt hat: »P« steht für uns selbst *(person)*, »O« für die andere Person *(other)* und »X« für ein beliebiges Einstellungsobjekt (x-beliebig), zum Beispiel eine TV-Serie, ein Möbelstück oder eben auch eine dritte Person. Die Einstellungen in diesem Balancedreieck können jeweils positiv oder negativ sein.

Leider (manchmal auch zum Glück) entzieht sich das Psychische einer direkten Beobachtung – wir können nicht so einfach in Köpfe gucken. Deshalb wählt die Psychologie oft Vergleiche, um unsichtbare Denkprozesse und Gefühle zu modellieren. So wird zum Beispiel das Gehirn häufig mit einem Computer und entsprechenden Rechenprozessen gleichgesetzt. Heider überträgt in seinem Modell eine Grundregel aus der Mathematik auf das Zwischenmenschliche: Minus mal Minus ergibt Plus. Er sagt, das Dreieck ist balanciert, wenn das Produkt der Einstellungen positiv ist. Konkret:

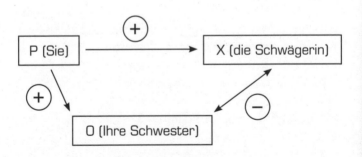

Plus mal **Plus** mal **Minus** ergibt **Minus** – das Dreieck ist unbalanciert

Und schon haben wir den Salat. Damit für »P«, also Sie selbst, wieder Harmonie, Balance herrscht, stehen zwei Lösungsvarianten zur Verfügung:

Variante I

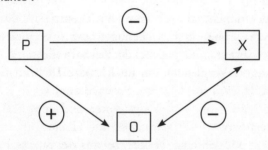

Plus mal **Minus** mal **Minus** ergibt **Plus** –
das Dreieck ist balanciert

Variante II

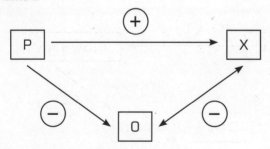

Minus mal **Plus** mal **Minus** ergibt **Plus** –
das Dreieck ist balanciert

Variante I: Sie lassen sich von Ihrer Schwester überzeugen und finden die Schwägerin ebenfalls doof.

Variante II: Sie erkennen, dass Ihre Schwester das eigentliche Miststück in dem ganzen Spiel ist und halten weiter an der positiven Einstellung zur Schwägerin fest.

Gar nicht so leicht also, die Welt wieder in Ordnung zu bringen. Und das war nur die simple Variante des flotten Dreiers. Viel Spaß beim Übertragen auf zigköpfige Sippen, Klatsch und Tratsch bei der Cliquenbildung… Da will man den Kopf doch nur noch in die Hochzeitstorte stecken.

Heider, F. (1958): *The psychology of interpersonal relations.* New York: Wiley

AUGE UM AUGE, KUSS UM KUSS

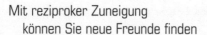

Mit reziproker Zuneigung können Sie neue Freunde finden

Bei Ihnen in der Firma hat ein neuer Kollege angefangen. Sie beide könnten unterschiedlicher nicht sein: *Er* geht am Freitagabend ins klassische Konzert, *Sie* spielen mit den Kumpels Fußball. *Er* ist in der Umweltbewegung aktiv, *Sie* werfen absichtlich Flaschen und Altpapier in den Restmüll, »um den Ökofritzen eins auszuwischen«. *Er* ist ein Familienvater, der seinen halben Schreibtisch mit Familienfotos zupflastert, *Sie* genießen Ihre Freiheit als Single. *Er* ist überzeugter Anti-Alkoholiker, *Sie* finden: So ein Feierabendbier ist schon nötig, um vom Tag runterzukommen.

Mögen Sie den neuen Kollegen? Er wird sich wohl eher nicht in Ihrem engsten Freundeskreis einbürgern...

Nun erfahren Sie zufällig, dass er sich kürzlich in der Kantine sehr positiv über Sie geäußert hat: Er bewundert Ihre

> lockere Art, Ihre gute Arbeitsorganisation – insgesamt mag er Sie gern, vertraut er einer gemeinsamen Kollegin an.
> Was denken Sie *nun* über ihn?
> ❑ Hmmm... Eigentlich ist er ja gar nicht so übel. Vielleicht sollten wir mal zusammen einen Jasmintee trinken gehen.
> ❑ Was bildet der sich ein, so über mich zu reden? Das kann er vielleicht mit seinen Öko-Freunden machen; *ich* grüße ihn jetzt erst recht nicht mehr!

In dem Kapitel »Ziehen sich Gegensätze an oder aus?« (S. 154) haben wir bereits festgestellt: Wir mögen Menschen umso lieber, je ähnlicher sie uns sind. Je größer die Unterschiede, desto größer unsere Abneigung. So will es das Ähnlichkeitsprinzip – und danach müssten wir den neuen Kollegen, der so anders ist als wir selbst, wirklich gründlich ablehnen.

Es gibt allerdings noch ein anderes Prinzip, das noch stärker wirkt als das Ähnlichkeitsprinzip: die »reziproke Zuneigung«. Nach der Theorie der reziproken Zuneigung finden wir einen Menschen umso sympathischer, je mehr wir annehmen, dass dieser Mensch uns selbst mag. Das gilt sogar dann, wenn dieser Mensch uns überhaupt nicht ähnlich ist, wir ihn also normalerweise stark ablehnen würden. Das Prinzip der reziproken Zuneigung sticht das Ähnlichkeitsprinzip aus. So machtvoll ist unser Bedürfnis, geliebt zu werden, dass wir alle anderen

Prinzipien über den Haufen werfen, wenn wir erfahren, dass ein Mensch uns mag – und diesen Menschen umgehend mit Gegenliebe belohnen!

Die reziproke Zuneigung lässt sich so nachweisen: Man lässt Probanden einen Persönlichkeitstest machen und erklärt ihnen, ihr Ergebnis unterscheide sich stark vom Ergebnis einer bestimmten anderen Person. Die persönlichen Einstellungen seien sehr unterschiedlich. Diese »andere Person« ist allerdings ein Lockvogel. In einer inszenierten Pause sitzt dieser Lockvogel mit ausgewählten Probanden in einem Raum und unterhält sich mit ihnen. Dabei schaut er ihnen in die Augen, beugt sich nach vorne, interessiert sich für sein Gegenüber – und signalisiert so, dass er sein Gegenüber mag. Probanden aus der Vergleichsgruppe sehen den Lockvogel nur kurz im Vorbeigehen.

Hinterher sollen alle Probanden angeben, wie sympathisch sie den Lockvogel finden. Tatsächlich finden diejenigen den Lockvogel attraktiver, denen er selbst seine Zuneigung gezeigt hat – obwohl sie genauso wie die Vergleichsgruppe wissen, dass der Lockvogel beim Persönlichkeitstest ganz anders abgeschnitten hat, ihnen also ganz und gar unähnlich ist.

In einem anderen Versuch lässt man zwei Probanden aufeinander treffen. Einem davon sagt man vorher entweder: »Die Person, die du jetzt triffst, mag dich gern« oder: »Die Person, die du jetzt triffst, mag dich nicht.« Wer glaubt, einer Person gegenüber zu sitzen, die ihn mag, verhält sich danach freundlich und offen. Wer hingegen davon ausgeht, sein Gegenüber möge ihn nicht, gibt sich selbst kühl und abweisend. Aus diesem Verhalten wiederum schließt das Gegenüber – dem vorher gar nichts gesagt wurde –, wie sehr es selbst gemocht wird – und erwidert diese Zuneigung oder eben nicht. Das Resultat sind dann doch ziemlich unterschiedliche Gesprächsatmosphären ...

Im Alltag kann das tragisch sein: Oft bilden wir uns nämlich ein, dass uns jemand nicht mag – weil wir ein Gerücht gehört haben oder weil wir eine Situation falsch deuten. Ein Klassiker ist der vergessene Gruß: Wir begegnen einem Bekannten im Supermarkt; er grüßt uns nicht sofort. »Aha«, denken wir, »der mag mich nicht. Dann mag ich den auch nicht.« So verweigern wir ihm nicht nur auch den Gruß, sondern gleich jeden weiteren Blickkontakt. Dabei hat der andere womöglich nur nicht schnell genug geschaltet. Vielleicht war er gerade abgelenkt, vielleicht ist er auch kurzsichtig und hat uns nur eine halbe Sekunde zu spät erkannt. Nun will er den Gruß nachholen, hat aber keine Gelegenheit mehr, denn wir lassen ja keinen Blickkontakt mehr zu. »Aha«, denkt der andere nun seinerseits, »der mag mich nicht. Dann mag ich ihn auch nicht.« Und schon nimmt eine verhängnisvolle Spirale der Abneigung ihren Lauf – ein sehr anschaulicher Fall der selbsterfüllenden Prophezeiung, um die es in dem Kapitel »Mit Ihren Gedanken können Sie das Weltgeschehen steuern« (S. 51) geht.

Weil die Information, ob uns ein anderer Mensch mag, für uns so wichtig ist, sollten wir also nicht leichtfertig mit ihr umgehen und nicht auf Gerüchte oder mehrdeutige Ereignisse vertrauen. Geben Sie der anderen Person lieber eine zweite Chance, ihre Zuneigung zu zeigen. Möchten Sie selbst eine positive Stimmung schaffen, so brauchen Sie umgekehrt der anderen Person einfach nur Ihre eigene Zuneigung zu signalisieren. Am wirkungsvollsten geht das über die Buschtrommel: Erwähnen Sie einfach gegenüber einem gemeinsamen Bekannten: »Die Soundso mag ich echt gern.«

Sogar zwischen anderen Menschen können Sie auf diese Weise Friede und Freude stiften. Kommen etwa bei Ihnen im Büro zwei Kollegen partout nicht miteinander aus, dann erzählen Sie einfach beiden unabhängig voneinander: »Der Soundso mag *dich* eigentlich ganz gern, hat er mir mal anvertraut...« Dieser kleine Trick wirkt Wunder – und eine solche Lüge ist immer erlaubt, denn sie schafft Gutes.

Ach so: Falls Sie zu Beginn des Kapitels eher die zweite Antwort gewählt haben, dann dürfen wir Ihnen noch etwas mitteilen: Sie könnten möglicherweise ein bisschen was für Ihr Selbstwertgefühl tun. Die reziproke Zuneigung funktioniert nämlich nicht bei Menschen, deren Selbstwertgefühl angeschlagen ist. Sie mögen in Experimenten tatsächlich lieber Menschen, die sie vorher kritisiert statt gelobt und gemocht haben. Denn bei ihren Kritikern sehen sie ihr eigenes – negatives – Selbstbild bestätigt. Und deswegen mögen sie ihre Kritiker ganz gerne.

Curtis, R.C. & Miller, K. (1986): *Believing another likes or dislikes you: Behaviors making the beliefs come true.* Journal of Personality and Social Psychology, 51, 284–290

Gold, J.A., Ryckman, R.M. & Mosley, N.R. (1984): *Romantic mood induction and attraction to a dissimilar other: Is love blind?* Personality and Social Psychology, 10, 358–368

Swann, W.B., Stein-Seroussi, A. & McNulty, S.E. (1992): *Outcasts in a White-Lie Society: The Enigmatic Worlds of People With Negative Self-Conceptions.* Journal of Personality and Social Psychology, 62, 618–324

JETZT WERDEN SIE GROSSE AUGEN MACHEN ...

Die Attraktivitätsforschung gibt Schönheitstipps

Machen wir in Gedanken mal einen kleinen Spaziergang durch den Zoo. Welche Tiere finden Sie attraktiv, »süß«, würden Sie gern anfassen oder gar mit nach Hause nehmen?

- ❏ einen kleinen Eisbären
- ❏ einen Flamingo
- ❏ einen Zitteraal
- ❏ ein Murmeltier
- ❏ einen Seehund
- ❏ eine Vogelspinne
- ❏ einen Biber

Armer Zitteraal. Wetten, dass ihn niemand von Ihnen gern mit nach Hause nehmen würde? Dass es aber Streit gäbe um den kleinen Eisbären? Bei vielen Zoos kann man Tierpatenschaften erwerben; man zahlt Geld für die Versorgung des Tiers und wird dafür als Pate am Gehege genannt. Achten Sie bei Gelegenheit einmal auf die Patenschaften, die dort vermerkt sind: Bei manchen Tieren gibt es offenbar einen Riesenandrang, während andere vergeblich auf einen Paten warten. Der Zitteraal hat immerhin den Vorteil, dass er elektrischen Strom produzieren kann – deshalb profitiert er vom Ähnlichkeitsprinzip (siehe S. 154): Energieversorger mögen ihn und spendieren ihm manchmal eine Patenschaft. Da geht es anderen Tieren wesentlich schlechter...

Warum mögen wir nun den kleinen Eisbären lieber als die kleine Spinne? Beide sind Lebewesen, die gleichermaßen unseren Respekt und unsere Zuneigung verdienen. Und am persönlichen Charakter, den viel gelobten »inneren Werten«, kann es nicht liegen, denn in der Regel kennen wir keins der Tiere näher...

Bleibt nur eins übrig: das Aussehen! Ob wir ein anderes Lebewesen mögen, beurteilt sich zu einem sehr großen Anteil danach, ob wir es optisch attraktiv finden. Schönheit bestimmt unser Leben! Das geben wir meist nicht gern so offen zu wie Oscar Wilde, der in seinem Roman »Das Bildnis des Dorian Gray« unumwunden sagt: »Nur der oberflächliche Mensch urteilt *nicht* nach dem Äußeren.«

Das geht uns natürlich nicht nur mit Tieren so, sondern auch mit anderen Menschen. Der Halo-Effekt (siehe das

Kapitel »Aber hallo! Mit dem Halo-Effekt können Sie punkten (und gepunktet werden)«, S. 111) hat uns bereits gezeigt: Schöne Menschen haben es grundsätzlich leichter im Leben und zwar von Geburt an. Man traut ihnen auch allerlei sonstige positive Eigenschaften zu, selbst wenn sie die in Wirklichkeit gar nicht haben. Und ob sich aus einem ersten Date mal eine heiße Nacht oder gar eine Liebesbeziehung entwickelt, hängt ganz maßgeblich davon ab, ob wir uns körperlich anziehend finden. Ist diese Grundvoraussetzung nicht erfüllt, kann leider auch der »Effekt der bloßen Darstellung« (siehe »Liebe auf den 1000. Blick: Von Hollywood fürs Leben lernen«, S. 148) nicht mehr viel ausrichten.

Weil die Schönheit so entscheidend ist, boomen Q 10, Hyaluron, Botox – oder gar Skalpell: Seit jeher geben Menschen viel Geld dafür aus, »schön« zu sein. Vor kaum etwas anderem haben wir offenbar eine so panische Angst wie davor, nicht schön zu sein.

Zum Glück ist Schönheit ja ohnehin nur subjektiv, oder etwa nicht? »Die Schönheit liegt im Auge des Betrachters«, schwadroniert der Volksmund, und: »Über Geschmack lässt sich nicht streiten.«

Alles also Ansichtssache? Alles Quatsch!

Am Beispiel der Tiere haben wir schon gesehen, dass die Masse doch ein recht einheitliches Schönheitsideal hat. Nicht anders ist es, wenn wir Menschen beurteilen. Die Attraktivitätsforschung beschäftigt seit Jahren auch Psychologen mit der Frage: Wann finden wir einen Menschen schön und warum? Spätestens seit den 1980er Jahren wissen wir aus dieser Forschung: Es gibt eine recht breite sogenannte »Urteilerübereinstimmung«. Das heißt: Menschen beurteilen Schönheit zum großen Teil nach denselben Maßstäben. Also nichts mit persönlichem Geschmack!

Im grundlegenden Experiment hierzu zeigt man Frauen und Männern jeweils 50 Fotos von anderen Menschen und lässt sie Schönheits-Punkte vergeben. Dann analysiert man die Gesichter nach Form, Proportion und besonderen Merkmalen. Die Ergebnisse sind eindeutig: Attraktiv bei weiblichen Gesichtern ist für Männer eine Mischung aus kindlichen Merkmalen und »Reifezeichen«. Zu den kindlichen Merkmalen gehören große Augen, kleine Nasen und ein kleines Kinn. Reifezeichen sind hohe Wangenknochen und hohle Wangen.

Frauen mögen an Männern ebenfalls eine Mischung aus kindlichen Merkmalen und »Reifezeichen«: große Augen und hohe Wangenknochen! Außerdem punkten Männer mit einem großen, markanten Kinn.

Überprüfen Sie einmal kurz die Tiere, die Sie attraktiv fanden, auf die genannten Merkmale. Stimmt's? Die Kriterien funktionieren gegenüber Menschen und Tieren gleichermaßen.

Das gilt sogar kulturübergreifend – die Fotos im Experiment zeigen Menschen aus unterschiedlichen Ländern. Umgekehrt kommen regelmäßig auch Untersuchungen in anderen Kulturkreisen zu gleichen Ergebnissen. Anders als ursprünglich vermutet, haben etwa Europäer kein wesentlich anderes Schönheitsideal als Asiaten.

Es gibt also zwei generelle Patentrezepte für Attraktivität bei beiden Geschlechtern, über Kulturgrenzen hinweg: zum einen die hohen Wangenknochen. Die können Sie – wenn Sie nicht bereits damit gesegnet sind – tatsächlich nur mit einer Operation erreichen, genauso wie andere Merkmale wie kleine Nase und kleines Kinn bei Frauen beziehungsweise markantes Kinn bei Männern.

Die absolute Wunderwaffe aber, die immer und überall zieht, ist: große Augen! Jeder kann im Handumdrehen attraktiver werden, wenn er »große Augen« macht. Und das geht auch ganz ohne Skalpell: zum einen, indem Sie sich ein bisschen mehr Schlaf gönnen. Wer sich mit müden Augen durch die Welt schleppt, wirkt weniger attraktiv. Der »Schönheitsschlaf« wurde erst kürzlich experimentell nachgewiesen. Zum anderen kann aber auch jeder seine Augen ganz bewusst weit öffnen. Das ist eine Frage von Training und Gewöhnung (und wie schnell wir uns an etwas gewöhnen, haben wir ja bereits gesehen, siehe S. 20). Wann immer Sie also besonders attraktiv sein wollen, machen Sie die Augen sehr weit auf! Probieren Sie es auf Fotos aus: Wenn bei der nächsten Party jemand einen Schnappschuss macht, reißen Sie die Augen auf, als gäbe es kein Morgen mehr. Sie werden sich dabei ein bisschen blöd vorkommen, aber schauen Sie sich das Ergebnis an. Sie werden zufrieden sein. Und in Zukunft mit viel offeneren Augen durch die Welt gehen ...

Axelsson, J., Sundelin, T., Ingre, M., Van Someren, E. J. W., Olsson, A. & Lekander, M. (2010): *Beauty sleep: experimental study on the perceived health and attractiveness of sleep deprived people.* British Medical Journal online, DOI: 10.1136/bmj.c6614 (http://www.bmj.com/content/341/bmj.c6614)

Cunningham, M. R. (1986): *Measuring the Physical in Physical Attractiveness: Quasi-Experiments on the Sociobiology of Female Facial Beauty.* Journal of Personality and Social Psychology, 50, 925–935

Cunningham, M. R., Barbee, A. P. & Pike, C. L. (1990): *What do women want? Facialmetric assesment on multiple motives in the perception of male facial physical attractiveness.* Journal of Personality and Social Psychology, 59, 61–72

Graziano, W. G., Jensen-Campbell, L. A., Shebilske, L. J. & Lundgren, S. R. (1993): *Social influence, sex differences and judgements of beauty: Putting the interpersonal back into interpersonal attraction.* Journal of Personality and Social Psychology, 65, 522–531

WARUM WIR KONFLIKTE BRAUCHEN WIE DIE LUFT ZUM ATMEN

Mit Mediation aus der angewandten
Psychologie finden Sie Win-Win-Lösungen

> Zwei Schwestern streiten sich um eine Orange.
> Sie sollen schlichten. Welche Lösung schlagen Sie
> vor?

Mehrere Lösungen sind denkbar: Die eine Schwester bekommt diesmal die Orange – das nächste Mal die andere. Oder umgekehrt. Oder Sie schneiden die Orange in der Mitte durch und geben jeder Schwester eine Hälfte.

Alle drei Lösungen sind fair.

Alle drei Lösungen sind suboptimal.

Wir verraten Ihnen eine Möglichkeit, mit der Sie das Maximum aus Konflikten herausschlagen können. Und Ihr Konfliktpartner auch. Wir beweisen Ihnen, weshalb Konflikte das Beste sind, was uns passieren kann!

Was ist überhaupt ein Konflikt?

Ganz allgemein gesprochen ist ein Konflikt ein Zustand in einem System, in dem unterschiedliche Zielvorstellungen vorliegen, wobei das Erreichen des einen Zieles das gleichzeitige Erreichen des anderen Zieles ausschließt.

Konkret: Die Eltern möchten am Sonntag spazieren gehen; die lieben Kinder lieber fernsehen. Das System ist die Familie, die unterschiedlichen Ziele sind »spazieren gehen« versus »fernsehen«, die nicht gleichzeitig umgesetzt werden können.

Oder: Der »Spaßminister« in Ihnen möchte vier Tage frei pro Woche haben; der »Finanzminister« in Ihnen möchte 60 Wochenstunden arbeiten. System sind Sie selbst mit Ihren unterschiedlichen Seelen in Ihrer Brust; Ziele sind »vier Tage frei pro Woche« versus »60 Wochenstunden Arbeit«, die nicht gleichzeitig umgesetzt werden können.

An dieser Stelle erkennen wir: Egal ob äußerer oder innerer Konflikt – der Konflikt an sich ist zunächst völlig neutral und harmlos. Es handelt sich lediglich um einen dynamischen Spannungszustand. Nicht mehr und nicht weniger. Unsere Angst vor Konflikten resultiert daraus, dass unser Alltagsbewusstsein »Konflikt« mit »Streit« gleichsetzt. Streit allerdings ist erst die eskalierte Form von Konflikt und damit alleine schon sprachlich sehr negativ besetzt. Der berühmte Konfliktforscher Friedrich Glasl unterscheidet neun Stufen der Konflikteskalation; sie reichen von »Verhärtung« bis zu »gemeinsam in den Abgrund«. Wie weit es am Ende eskaliert, hängt jedoch einzig davon ab, wie wir unsere Konflikte austragen.

Vor diesem Hintergrund können wir so weit gehen zu behaupten: Ein Konflikt kann sogar sehr positiv sein. Denn was bewirken Spannung und Dynamik? Bewegung, Veränderung und Entwicklung; sie sind der Motor für Evolution und Revolution.

Lassen Sie uns zur Veranschaulichung die obige Familien-Fehde aufdröseln. Normalerweise sammeln wir in solchen Situationen jeweils gute Argumente für unseren Standpunkt, unser Ziel: »Wenn ihr euch nicht an der frischen Luft bewegt, werdet ihr krank«, »Immer müssen wir machen, was ihr wollt« oder: »Menno – ihr habt uns aber vor drei Jahren versprochen, dass wir heute die *Sesamstraße* gucken dürfen.« Damit liefern wir uns dann einen stürmischen Schlagabtausch und am Ende gewinnt die eine Seite, die andere verliert. Der Sonntag ist im Eimer und auf beiden Seiten bleibt ein schales Gefühl zurück. So jedenfalls bei der »normalen« Lösung, der Alltagskonfliktlösung.

Wie aber kann der Konflikt ein Antrieb für Entwicklung werden?

Die Lösung besteht darin, sich von der konkreten Position, dem konkreten Wunsch, zu lösen und nach dem Bedürfnis zu suchen, das hinter diesem Wunsch steht. In der Regel lassen sich die zugrunde liegenden Bedürfnisse auch auf eine Art und Weise befriedigen, die keinen Konflikt erzeugt. Gehen wir also im Beispiel auf die Hintergründe ein und erforschen die zugrunde liegenden Interessen und Bedürfnisse: Vielleicht hatten die Eltern eine anstrengende Arbeitswoche und versprechen sich vom Sonntagsspaziergang Entspannung. Vielleicht hatten die Kinder eine anstrengende Schulwoche und versprechen sich vom Fernsehen – Entspannung.

Ja, gibt's denn so was? Obwohl die Zielvorstellungen vordergründig unvereinbar sind, wird deutlich: Sobald wir die tiefer liegenden Schichten berücksichtigen, zeigen sich Gemeinsamkeiten – und die ebnen den Weg zu Vereinbarkeiten.

Dieses Prinzip macht sich auch die Mediation zunutze, die Vermittlung in Konflikten. Das Erkennen der Gemeinsamkeiten motiviert dann zu einer möglichen und einvernehmlichen Lösung: mittags alle Mann und Frau spazieren gehen, nachmittags die ganze Bagage ins Kino. Oder, noch besser: einen Spaziergang *zum* Kino. Mit dieser Lösung sind dann alle sehr zufrieden! Der Konflikt, der zunächst unangenehm war, kann durch die interessen- und bedürfnisorientierte Vorgehensweise aufgelöst werden. Der dynamische Spannungszustand hat die Beteiligten im Sinne von Bewegung, Veränderung und Entwicklung weiter gebracht, als sie ohne ihn gekommen wären.

Diese Situation heißt eben deshalb »Win-Win«, weil es am Ende nur Gewinner gibt.

Zurück zum Orangenstreit der Eingangsgeschichte. Wären Sie mit den beiden Schwestern ins Gespräch und auf deren Bedürfnisebene gekommen, hätten Sie festgestellt: Die eine möchte einen Kuchen backen und benötigt die Schale, die andere möchte einen Saft pressen und benötigt das Fruchtfleisch. Das ist Win-Win. Beide hätten jeweils 100 Prozent bekommen! Das ist in den meisten Fällen möglich, und dieses Prinzip ist auch unser hier verfolgter Ansatz.

Ähnliches ergibt der innere Konflikt zwischen »Spaß-« und »Finanzminister«: Der eine wünscht sich Freiheit, der andere Sicherheit. Unter Berücksichtigung dieser Bedürfnisse sind viele Lösungen denkbar: Eine gewisse Zeit besonders ranzuklotzen, mit der Aussicht, sich dann einen besonderen Urlaub verdient zu haben; sich bei der Arbeit besonders anzustrengen, um befördert zu werden und somit mehr Freiheiten zu genießen; sich die Freiheit zu nehmen, um gezielt zu entspannen, und damit zu gewährleisten, gesund zu bleiben, was ebenfalls Sicherheit vermittelt; oder, oder, oder.

Probieren Sie doch Folgendes aus. Bevor Sie das nächste Mal einen Konflikt verteufeln: Halten Sie für einen Moment inne und zählen vor dem inneren Auge die Konflikte in Ihrem Leben auf, die Ihnen rückblickend einen Vorteil verschafft haben. Sie werden auf mindestens einen pro Lebensjahr kommen. Das motiviert Sie, auch im jeweils aktuellen Konflikt auf die Hintergründe eingehen zu wollen – um dann gemeinsam mit Ihrem Konfliktpartner oder Ihren verschiedenen Seelen in Ihrer Brust nach einer Win-Win-Lösung zu suchen.

Zudem sollten Sie Ihre Wünsche vergessen, vor allem die unerfüllten. *Wünsche sind unwichtig!* Viele Menschen fixieren sich zu sehr auf konkrete Wünsche und sind unglücklich, wenn diese unerfüllt bleiben. Dabei sind nicht die Wünsche wichtig, sondern die Bedürfnisse dahinter! Ein und derselbe Wunsch kann von ganz unterschiedlichen Bedürfnissen herrühren – und jedes Bedürfnis können wir immer auch auf viele andere Arten befriedigen.

Ein Beispiel: Millionen von Menschen träumen davon, bei einer Castingshow zu gewinnen und Popstar zu werden – und sind traurig, wenn dieser Lebenstraum nicht in Erfüllung geht. Hinter diesem einen Wunsch können ganz unterschiedliche Bedürfnisse stehen. Vielleicht liebe ich einfach nur Musik. Dieses Bedürfnis kann ich auch anders befriedigen: ein Instrument lernen, in einer Band spielen, mir einen anderen Job in der Musikbranche suchen ... Oder es geht mir um den Applaus, die Anerkennung. Auch dieses Bedürfnis kann ich auf mindestens zehn andere Arten befriedigen, vielleicht durch sportliche Leistungen, ehrenamtliches Engagement, berufliche Erfolge, indem ich mich gut um meine Familie kümmere... Oder es geht mir vor allem ums Geld. Auch dann gibt es viele andere (oft realistischere) Möglichkeiten, mich um dieses Bedürfnis zu kümmern: es statt bei »Deutschland sucht den Superstar« bei »Wer wird Millionär?« versuchen, mich über andere lukrative Jobs informieren, Lotto spielen, reich heiraten...

So werden »Wünsche« am Ende doch noch wahr.

Besemer, C. (2009): *Mediation: Die Kunst der Vermittlung in Konflikten*. Tübingen: Gewaltfrei Leben Lernen

Glasl, F. (2004): *Konfliktmanagement: Ein Handbuch für Führungskräfte, Beraterinnen und Berater* (Kap. 2). Stuttgart: Freies Geistesleben

Kitz, V. & Tusch, M. (2011): *Ich will so werden, wie ich bin – Für SelberLeber*. Frankfurt/M.: Campus

Tusch, M. (2011): *Ein Tusch für alle Fälle. Schulungs-DVD für Mediation*. Offenbach: Gabal

IN GUTEN ODER SCHLECHTEN ZEITEN? WIE WIR AM LEICHTESTEN EINEN GEFALLEN ERWIESEN BEKOMMEN

»Empathie-Altruismus-« und »Negative-State-Relief«-Hypothese – die Emotionspsychologie verrät Ihnen, wie Ihre Mitmenschen Sie unterstützen

Nehmen wir an, Sie haben sich ein neues Auto gekauft und sich etwas übernommen. Sie möchten Ihren Nachbarn, mit dem Sie abends auch öfter mal etwas trinken gehen, um ein wenig Geld anpumpen.
In welcher der drei Situationen würden Sie ihn am ehesten um diesen Gefallen bitten?
❑ Wenn er gerade Vater geworden ist.
❑ Wenn er gerade von seiner Ehefrau verlassen worden ist.
❑ An einem ganz normalen Tag, an dem er ganz normal gelaunt ist.

Viele Menschen entscheiden sich spontan für die dritte Situation. Da scheint der Nachbar am gelassensten und am wenigsten abgelenkt durch Ereignisse in seinem eigenen Leben. Und doch ist es an einem solchen ganz normalen Tag am unwahrscheinlichsten, dass er Ihnen helfen wird!

Studien ergeben zunächst, dass Menschen gern helfen, wenn sie selbst gerade gut gelaunt sind. Das ist nicht überraschend; jeder hat wohl schon am eigenen Leib erfahren, dass gute Laune positiver und aufgeschlossener gegenüber anderen Menschen macht – und eben auch großzügiger und hilfsbereiter. Komme ich morgens besonders ausgeschlafen und gut gelaunt ins Büro, mit einem frischen Liedchen auf den Lippen, so halte ich eher der Kollegin freundlich summend die Tür auf als an anderen Tagen.

Erstaunlich ist dann aber doch, wie stark hier bereits winzige Einflüsse wirken: In einem Versuch versteckt man ein Zehn-Cent-Stück in einem öffentlichen Telefon und wartet, bis es jemand findet. Dann lässt ein Lockvogel vor dieser Person eine Tasche fallen, und viele Papiere sind auf dem Boden verstreut. Unter den Probanden, die gerade zehn Cent gefunden haben, helfen 14 von 16, die Papiere wieder einzusammeln. Das sind knapp 88 Prozent. Zum Vergleich testet man, wie hilfsbereit Menschen sind, die vorher keine zehn Cent gefunden haben. Hier hilft nur einer von 25 – das entspricht einer Quote von vier Prozent! Die Hilfsbereitschaft der Menschen schwillt also auf das über 20-fache an – nur weil sie zehn Cent gefunden haben! Andere kleine Dinge haben ähnliche Effekte. So machen schon gute Gerüche oder schöne Musik die Menschen hilfsbereiter.

Selbst wenn Ihr Nachbar also in absehbarer Zeit nicht Vater werden sollte, stehen die Chancen nicht schlecht, dass Sie ihn in einer Stimmung erwischen, die überdurchschnittlich genug ist, um wesentlich hilfsbereiter zu sein. Und da Sie jetzt wissen, welche Kleinigkeiten schon ausreichen, können Sie auch leicht ein bisschen nachhelfen …

Nun wird es aber noch überraschender: Menschen sind auch dann besonders hilfsbereit, wenn es ihnen besonders schlecht geht! Dabei scheinen in unterschiedlichen Situationen unterschiedliche Mechanismen zu wirken. Geht es uns schlecht, weil wir uns wegen etwas schuldig fühlen, so neigen wir dazu, unsere Schuldgefühle auszugleichen, indem wir an anderer Stelle Gutes tun. Die gute Tat neutralisiert in unserem Kopf die schlechte und damit unser schlechtes Gewissen. So spenden Menschen, die zur Beichte gehen, etwa vor der Beichte mehr als nach der Beichte, denn nach der Beichte haben sie ihre Buße bereits empfangen.

In anderen Fällen leiden wir selber, wenn wir andere leiden sehen. Wird zum Beispiel jemand vor unseren Augen verprügelt, dann ist das auch für uns selbst eine unangenehme Situation. Das hat mit der Empathie zu tun (von der früher schon die Rede war, siehe S. 90) – wir fühlen uns in die geschlagene Person ein und erleben deren Schmerzen mit. Wir verbessern also auch unsere eigene Stimmung, wenn wir die Polizei rufen oder gar selbst eingreifen.

Schließlich gibt es Fälle, in denen kein sachlicher Zusammenhang besteht zwischen unserer eigenen schlechten Laune und der Hilfe, die wir leisten. Generell zeigen aber Versuche: Versetzt man Menschen in eine traurige Stimmung, so werden sie hilfsbereiter. Wie lassen sich solche Fälle erklären? Zum einen werden wir wohl empfänglicher für Schicksalsschläge anderer Menschen, wenn wir selber gerade einen Schicksalsschlag erleben. »Priming« (siehe das Kapitel »Wie zum Stöhnen die Lust kommt – oder der Schmerz«, S. 30) und das Ähnlichkeitsprinzip (»Ziehen sich Gegensätze an oder aus?«, S. 154) sorgen dafür, dass wir uns eher mit der Not anderer Menschen beschäftigen und Sympathie für sie entwickeln.

Die sogenannte »Negative-State-Relief«-Hypothese geht aber noch weiter. Sie besagt: Geht es uns schlecht, suchen wir systematisch nach Möglichkeiten, um uns besser zu fühlen. Eine davon kann sein, anderen Menschen zu helfen. Tun wir Gutes, bessern wir unsere eigene Gefühlsbilanz auf.

Helfen wir also am Ende immer nur aus egoistischen Gründen? Über diese Frage streitet die Wissenschaft seit Langem. Die sogenannte »Empathie-Altruismus«-Theorie geht davon aus, dass wir durchaus zu wirklich altruistischer, uneigennütziger Hilfe fähig sind, wenn wir wahre Empathie für jemanden entwickeln. Aber wie eng auch Mitgefühl mit eigenen Interessen verknüpft sein kann, haben wir bereits gesehen. Letztlich ist es auch weniger wichtig, warum genau Menschen helfen, sondern *dass* sie helfen – und dass sie wissen, wie sie am ehesten Hilfe bekommen können. Und das wissen Sie nun.

Cialdini, R. B., Darby, B. L. & Vincent, J. E. (1973): *Transgression and altruism: A case for hedonism.* Journal of Personality and Social Psychology, 9, 502–516

Isen, A. M. & Levin, P. F. (1972): *Effect of feeling good on helping: Cookies and kindness.* Journal of Personality and Social Psychology, 21, 384–388

McMillen, D. L., Sanders, D. Y. & Solomon, G. S. (1977): *Self-esteem, Attentiveness, and Helping Behavior.* Personality and Social Psychology Bulletin, 3, 257–261

North, A. C., Tarrant, M. & Hargreaves, J. (2004): *The Effects of Music on Helping Behavior.* Environment and Behavior, 36, 266–275

WARUM SIE DIE PEITSCHE NIE ZUM ZUCKERBROT MACHEN SOLLTEN

Mit »Konditionierung« kriegen Sie dauerhaft, was Sie wollen

Ihre Verabredung kommt mal wieder zu spät; die Kinder spielen trotz Verbot heimlich Computer; die Kollegen erledigen ihre Aufgaben zum wiederholten Male nicht pünktlich...

Und was machen Sie? Weil Sie ein höflicher Mensch sind und gut erzogen wurden, sehen Sie in zwei von drei Fällen gnädig darüber hinweg. Erst beim dritten Mal »ahnden« Sie den Verstoß mit einer freundlichen, doch bestimmten Ansage. Strafen ab, um dem Spuk ein Ende zu bereiten.

Und was passiert dann? Genau das Gegenteil: Ihre Verabredung kommt noch häufiger noch später; die Kinder werden noch dreister; die Kollegen tun fast gar nichts mehr...

Ja, kann es vielleicht sein, dass Ihr Verhalten irgendwie kontraproduktiv ist – und alles regelrecht noch schlimmer macht?

Die Antwort liegt buchstäblich auf der Pfote – und zwar in der Lernpsychologie. Entdecken Sie mit uns das feine Werkzeug der Konditionierung: Wenn das Hundchen dem Frauchen ein Pfötchen gibt und das Frauchen dieses Verhalten mit Leckerchen verstärkt, dann gibt das Vierbeinerchen erneut und häufiger Pfötchen. Es macht das also nicht ganz uneigennützig. Und Frauchen und Herrchen freuen sich trotzdem darüber. Wenn die Belohnung allerdings eines Tages ausbleibt, dann schleicht sich das Verhalten ganz schnell aus. Gar nicht so dumm, der Bello. Dieses Ausschleichen oder Auslöschen nennen wir in der Fachsprache »Extinktion«.

Wie können wir nun Bellochens Verhalten extinktionsresistenter machen – damit er weiterhin und auch ohne Leckerchen Pfötchen reicht?

Die Psychologie kennt einen verblüffenden Trick: Wir verstärken intermittierend, das heißt: unregelmäßig.

Wenn Frauchen zwar regelmäßig Pfötchen bekommt, aber den Hund nur ab und zu belohnt, dann dauert die Extinktionsphase – das Ausschleichen – länger. Das haarige Freundchen hegt nämlich bis zum Schluss die Hoffnung, dass es irgendwann doch noch etwas Gutes zu beißen bekommt. Denn so hat Bello es ja gelernt: Er hat auf jedes Pfötchengeben nur dann und wann etwas bekommen, dazwischen lagen immer Belohnungspausen. Die Phase, in der es später gar nichts mehr gibt, wertet der Hund lediglich als längere Pause. Und fährt fort im Händchenhalten. Praktisch!

Was bedeutet das jetzt für Sie?

Erkenntnis Nummer eins: Wenn Sie jemanden zu etwas bringen, ihn oder sie »erziehen«, für sich etwas bewirken wollen – dann tun Sie gut daran, mit intermittierender, also unregelmäßiger Verstärkung zu arbeiten. Auf diese Weise sorgen Sie dafür, dass das gewünschte Verhalten schön lange anhält. Dass Sie schön lange davon profitieren können – selbst wenn Sie schon lange aufgehört haben, Ihr Gegenüber dafür zu loben, zu belohnen, sein Verhalten zu verstärken…

Aber: Wie alles im Leben hat auch die intermittierende Verstärkung neben dieser Schokoladenseite ihre Schattenseite. Damit kommen wir zu Erkenntnis Nummer zwei: Unregelmäßige Bestrafung ist identisch mit intermittierender Verstärkung! Wenn Sie glauben, mit höflicher Ab-und-zu-Abmahnung Ihre Verabredung, die Kinder, die Kollegen zur Raison rufen zu können – dann haben Sie sich gewaltig getäuscht. Das Ausbleiben der Strafe in zwei von drei Fällen erlebt Ihr Gegenüber intern und unbewusst als Belohnung. Das führt dann dazu, dass das unerwünschte Verhalten (zu spät kommen, fernsehen, Aufgaben nicht erledigen) noch häufiger auftritt und irgendwann extinktionsresistent wird. Es löscht dann einfach nicht aus.

Und was lernen wir daraus? Wenn schon Strafe – dann richtig. Belohnen Sie zurückhaltend, aber strafen Sie konsequent. Alles andere ist nicht nur Wischiwaschi, sondern führt sogar zur Verschlimmerung. Dann könnten Sie auch von vornherein jede Verfehlung mit Schokolädchen belohnen.

Der Volksmund weiß: Strafe muss sein! Die Lernpsychologie belegt es wissenschaftlich: Ein bisschen Peitsche ist nichts anderes als immer Zuckerbrot – ein bisschen intermittierende Strafe wirkt wie die effektivste Form der Belohnung. Verraten Sie's nicht Bello.

Lefrancois, G. R. (2003): *Psychologie des Lernens* (Kap. 2–4). Berlin: Springer

Margraf, J. & Schneider, S. (2009): *Lehrbuch der Verhaltenstherapie. Grundlagen, Diagnostik, Verfahren, Rahmenbedingungen* (S. 101–113). Berlin: Springer

WIE WIR UNSERE SEELISCHEN ABGRÜNDE *FÜR* STATT GEGEN UNS ARBEITEN LASSEN

Mit »Psychohygiene« aus der angewandten Psychologie wird Ihr Leben plötzlich ganz leicht und schön

Frühjahrsputz – wir räumen und misten aus, schrubben sauber und polieren alles mit einem schönen frischen Duft auf Hochglanz.
Was für ein wohltuendes Gefühl, wenn alles sauber und aufgeräumt ist und hygienisch duftet! Aber nicht alles, was auf den ersten Blick Gerümpel ist, werfen wir auf Nimmerwiedersehen weg! Manches brauchen wir noch und verstauen es lieber in einer Box auf dem Speicher oder im Keller, um es jederzeit wieder hervorholen zu können, wenn wir es brauchen. Außen, in der Wohnung, haben wir diesen Dreh mehr oder weniger gut raus. Doch wie sieht es mit der Hygiene in unserem Innern aus? Daran wagen wir uns viel zu selten.
Lassen Sie es uns gemeinsam angehen – mit der Psychohygiene.

Tatsächlich ist die »Psychohygiene« in der Wissenschaft seit Jahrzehnten ein feststehender Begriff. Mit ihr beschreiben wir die Vorsorge für unsere seelische Gesundheit. Sie beugt psychischen Belastungen oder Störungen durch individuelle Maßnahmen vor. Diese Maßnahmen können sehr unterschiedlich sein – wir stellen Ihnen im Folgenden eine wichtige Möglichkeit vor, die uns allen im Alltag gute Dienste erweisen kann und uns seelisch gesund hält.

Wir alle erleben hin und wieder starke Gefühle, machen schlechte Erfahrungen, erleiden Verletzungen, Verluste und Trauer. Weil die damit verbundenen Inhalte (Gedanken und Gefühle) unangenehm und oft sogar bedrohlich sind, »helfen« wir uns meist, indem wir sie einfach von der bewussten Wahrnehmung ausschließen. Dann sprechen wir in der Psychologie von Verdrängung, einem der grundlegenden Abwehrmechanismen.

Was einerseits hilfreich klingt (die Belastungen sind wir dann ja los), hat es andererseits in sich. Denn die verdrängten Bewusstseinsinhalte arbeiten unterbewusst weiter – und suchen sich andere Wege, um in uns zu wirken. Sie beeinträchtigen uns dann aus unseren Tiefenschichten und können uns regelrecht körperlich krank machen. Bekannte Beispiele für solche psychosomatischen Beschwerden sind Neurodermitis, Magen-Darm-Erkrankungen, Essstörungen, chronische Müdigkeit, Bluthochdruck, Asthma und teilweise auch Krebserkrankungen.

Gerne verschlägt es uns dann auch schon mal für Monate oder gar Jahre »auf die Couch« – mühsam müssen wir lernen, die sorgfältig verdrängten Bewusstseinsinhalte wieder zu Tage zu fördern, um sie sachgemäß zu verarbeiten. Aktuelle Untersuchungen belegen: 25 Prozent der deutschen Erwachsenen leiden mindestens einmal oder sogar permanent an psychischen oder psychisch bedingten Beschwerden wie Angstzuständen, depressiver Verstimmung und psychosomatischen Krankheiten. Tendenz steigend!

Damit es erst gar nicht so weit kommt, sollten wir dringend Psychohygiene betreiben. Wir verraten Ihnen hier eine besondere Form der Psychohygiene – wie Sie den Mechanismus der Verdrängung konstruktiv für sich nutzen können; unangenehme Bewusstseinsinhalte – Gedanken und Gefühle – nicht verdrängen, sondern ernst nehmen und würdigen können. Und dann die Verantwortung für sie abgeben, an eine höhere Instanz, die Sie für sich ganz individuell benennen können: Gott, den Himmel, das Licht, das Schicksal, den Zufall, das Nichts – je nachdem, woran Sie persönlich glauben.

Mit der folgenden ganz einfachen Übung können Sie Ihre Seele jederzeit und wiederholt gründlich »säubern«:

1. Schritt: Gehen Sie gedanklich und emotional in Ihre Belastung hinein. Betrachten Sie die Situation, schauen Sie sich die Beteiligten an, spüren Sie tief in Ihre Gefühle hinein. Seien Sie aufmerksam und konzentriert.

2. Schritt: Artikulieren Sie Ihre Gefühle, sagen Sie sich bewusst: »Ich bin ____.« (Hier setzen Sie dann Ihr Gefühl ein, zum Beispiel ängstlich, wütend, traurig, verzweifelt, einsam oder hoffnungslos, je nachdem, was Sie gerade empfinden.)

3. Schritt: Sagen Sie sich: »Ja, das ist mein/e _____ (Angst, Wut; hier setzen Sie dann das oben artikulierte Gefühl ein). Ich habe ein Recht dazu, _____ zu empfinden. _____ ist ein natürlicher und wertvoller Bestandteil meiner Persönlichkeit.«

4. Schritt: Drehen Sie gedanklich eine Art »Film« über Ihr Gefühl und halten Sie diesen »Film« gedanklich auf einer Videokassette oder DVD fest. Verschließen Sie gedanklich die Videokassette oder die DVD an einem sicheren Ort, zum Beispiel in einem Schrank, zu dem nur Sie Zugang haben, oder in einem Tresor.

5. Schritt: Hier haben Sie verschiedene Möglichkeiten: Sie können sich jetzt jederzeit bewusst mit Ihren Gefühlen beschäftigen und auseinandersetzen, wenn Ihnen danach ist, wenn die Situation angemessen ist. Holen Sie zu diesem Zweck Ihren »Film« aus seinem Versteck hervor, schauen Sie sich Ihre Gefühlssequenzen an. Sie können jederzeit den »Film« anhalten oder wieder ausmachen. Und Sie können die Videokassette oder DVD jederzeit wieder wegsperren. Sie haben die Kontrolle!

Eine andere Möglichkeit besteht darin, dass Sie sich sagen: »Ich habe _____ (Gefühl), ich schätze meine/n _____ als Teil meiner Persönlichkeit; jetzt gebe ich die Verantwortung für meine/n _____ an eine höhere Macht zurück, diese höhere Macht soll von nun an damit fertig werden.« Verfrachten Sie gedanklich die Videokassette oder DVD in eine Rakete, zünden Sie diese und schicken Sie sie weit weg, am besten zum Mond. Auf diese Weise haben Sie die Verantwortung für Ihr Gefühl ab- beziehungsweise zurückgegeben.

Was ist jetzt der Sinn des Ganzen?

Erstens: Sie nehmen Ihre Gefühle bewusst als Teil Ihrer selbst wahr und würdigen sie. Das ist gar nicht so selbstverständlich, wie Sie vielleicht denken, denn normalerweise sind wir eher bemüht, bestimmte Gedanken und Gefühle nicht zuzulassen oder zu verdrängen. Damit spalten wir einen Teil von uns selbst ab. Nicht selten schämen wir uns für unsere Gefühle, denn wir haben schon in unserer Kindheit erfahren müssen, dass zum Beispiel Hass oder Wut nicht allzu gut ankommen. Das ist die Hauptursache dafür, dass manche Menschen einen erschwerten Zugang zu ihren Gefühlen haben (siehe S. 40). Sie haben gelernt, dass man manches nicht empfinden darf, weil es schlecht, böse oder unangemessen ist. Dabei können gerade Wut und Hass ganz natürliche, berechtigte Bestandteile meiner Persönlichkeit sein. Sie zu verdrängen, kann auf Dauer zu unbewusstem Leid und Krankheit führen. Also ist es wichtig, alles zuzulassen und anzuerkennen – aber nicht zwangsläufig auszuleben. Das wäre erst der zweite Schritt. Wut zu verspüren, wenn mein Kollege mich zum wiederholten Male piesackt, ist berechtigt und normal. Das heißt aber nicht, dass ich das Recht habe, ihn zu verprügeln. Wir verwechseln im Alltag häufig das eine mit dem anderen: Weil das Ausleben bestimmter Gefühle bestimmte Folgen hat oder hätte (im Falle des Verprügelns beispielsweise rechtliche Konsequenzen), verbieten wir uns, diese Gefühle überhaupt ernst zu nehmen und anzuerkennen. Fatal. Wir berauben uns unseres inneren Reichtums. Das waren die ersten drei Schritte.

Bei den nächsten beiden Schritten (4 und 5) handelt es sich um sehr hilfreiche therapeutische Interventionen, die zum Beispiel bei schwerer Traumatisierung erfolgreich eingesetzt werden. Bei einer Traumatisierung sind die eigenen Gedanken und Gefühle so stark, dass sie die Persönlichkeit dominieren. Ein normales Weiterleben ist gar nicht mehr möglich, denn die Kontrolle über Gedanken und Gefühle ist verloren gegangen.

Für unsere Zwecke können wir diese Technik, eine unschädliche Sonderform der kontrollierten Verdrängung, hervorragend nutzen, um unsere Gedanken und Gefühle in den Griff zu bekommen. Wir nehmen unsere Gedanken und Gefühle wahr und ernst, würdigen sie als Bestandteil unserer Persönlichkeit – aber wir entscheiden selbst, wann wir uns damit befassen und wann nicht.

Das ist der gesunde Unterschied!

Nicht in jeder Situation kommen unsere Gedanken und Gefühle gelegen. Also lernen wir, die Auseinandersetzung auf einen späteren Zeitpunkt zu vertagen, damit wir bis dahin gut »funktionieren« können und nicht Opfer unserer inneren Wallungen sind. Und wenn wir uns genug mit unseren Gedanken und Gefühlen beschäftigt haben, dann geben wir sie dahin zurück, woher sie kommen. Damit haben wir die Kontrolle! Und Kontrolle scheint ja immer und immer wieder unser großes Thema zu sein...

Fischer, G. & Riedesser, P. (2009): *Lehrbuch der Psychotraumatologie* (Kap. 4). Stuttgart: UTB
Resick, P. (2003): *Stress und Trauma: Grundlagen der Psychotraumatologie* (Kap. 7). Bern: Huber

WIE INDIVIDUELL SIND SIE – WENN'S DRAUF ANKOMMT?

Mit sozialpsychologischer »Konformität« stehen Sie immer gut da, verlieren aber auch manchmal Ihre Meinung

> Teambesprechung im Büro. Der Kollege stellt sein neues Marketingkonzept vor.
> »Das funktioniert doch hinten und vorn nicht...«, denken Sie still bei sich und notieren sich eifrig ein paar Kritikpunkte.
> »Was halten die anderen davon?«, fragt Ihr Chef.
> Der erste Kollege kommt zu Wort: Findet es super!
> Ihre Büronachbarin auch. Ebenso sechs weitere Kolleginnen und Kollegen. Alle sind begeistert.
> Nun sind Sie an der Reihe. Was sagen Sie?

Eine schöne Gelegenheit, individuell zu sein, seine Meinung zu sagen, auch eine unbequeme Wahrheit zu äußern, nicht wahr? Alle tragen wir die große Sehnsucht in uns, einzigartig zu sein, unangepasst. Sicher antworten die meisten von Ihnen, dass sie in der Teamsitzung auch dann zu ihrer Meinung stehen würden, wenn alle anderen es anders sehen. So weit das Gedankenspiel.

Befinden wir uns jedoch wirklich in der beschriebenen Situation, dann handeln wir meist anders. Das legen alle bisherigen Forschungsergebnisse nahe. Die meisten Menschen passen sich an, wenn sie die Situation nicht nur auf dem Papier erleben, sondern in Wirklichkeit: Sie finden den Vorschlag am Ende auch gut und werfen ihre Kritikpunkte in den Mülleimer.

Wie kommt es dazu?

In der Wissenschaft nennen wir das Phänomen ausnahmsweise einmal so wie in der Alltagssprache auch: »Konformität«. Sie beschreibt unsere Tendenz, sich an eine Gruppe anzugleichen.

Psychologisch gibt es hauptsächlich zwei Ursachen für Konformität: den sogenannten »informativen Einfluss« und den »normativen Einfluss«. Wir nennen es »borgen und beugen«: Wir borgen uns entweder Informationen von anderen Menschen oder wir beugen uns dem Urteil anderer Menschen.

Erster Fall, das Borgen: Oft können wir eine Situation nicht sofort selbst genau beurteilen, weil uns Informationen entweder fehlen oder mehrdeutig sind. Dann schauen wir uns einfach um: Wie verhalten sich die Menschen um uns herum? Wir borgen uns die Informationen von den Menschen um uns herum – und lassen uns auf diese Weise informativ beeinflussen.

In einem klassischen Experiment hierzu zeigt man

Menschen einen Lichtpunkt in einem dunklen Raum. Dazu muss man wissen: Sieht das menschliche Auge einen Lichtpunkt in einem dunklen Raum, so täuscht es uns. Wir haben manchmal den Eindruck, der Lichtpunkt bewegte sich – auch wenn er in Wirklichkeit an derselben Stelle bleibt. Unterschiedliche Menschen sehen unterschiedliche Bewegungen, weil jedes Auge in dieser Situation ein wenig anders reagiert. Das nennt man den »autokinetischen Effekt«. Auf diese Weise konfrontiert man die Probanden also mit einer Situation, in der die Information unklar ist, in der vor allem jeder subjektiv etwas anderes sieht.

Nun fragt man die Probanden, wie stark sich der Punkt bewegt. Werden die Probanden allein befragt, nennen sie völlig unterschiedliche Werte: fünf Zentimeter, einen halben Meter, was sie eben persönlich gerade wahrnehmen. Befragt man sie jedoch in einer Gruppe, kommen dieselben Probanden plötzlich alle zu derselben Einschätzung. Sie einigen sich zum Beispiel darauf, dass der Punkt sich etwa zehn Zentimeter bewegt hat, wenn das der Wert ist, der am Anfang in der Gruppe aufkommt (siehe dazu auch den »Ankereffekt« in dem Kapitel »Erfolgreicher leben – dank Denkfehlern«, S. 98). Wir gleichen die Unsicherheit in der eigenen Wahrnehmung also dadurch aus, dass wir auf Informationen anderer Menschen vertrauen.

Oft handeln wir allein schon deswegen konform. So könnten wir im obigen Beispiel plötzlich unsicher werden, ob das Konzept des Kollegen wirklich so schlecht ist, wo es doch alle so sehr loben. Und kaum *sind* wir einmal unsicher – schon holen wir uns die Informationen von anderen. Und die sagen: Alles super! Am Ende sind wir tatsächlich davon überzeugt, dass die anderen die richtigen Informationen haben. Und wir passen unsere eigene Überzeugung an.

Zweiter Fall, das Beugen: Natürlich gibt es auch Fälle, in denen wir uns absolut sicher sind. Wir brauchen dann gar keine Information von anderen. Wir ändern also nicht unsere Überzeugung, sondern entscheiden gegen sie – weil die anderen auch so entscheiden. Das Experiment mit dem Lichtpunkt lässt sich so abwandeln, dass keine optische Täuschung stattfindet, dass also jeder objektiv das Gleiche sieht. Man zeigt zum Beispiel Menschen zwei Linien und fragt sie, welche davon länger ist. Es gibt objektiv nur eine einzige richtige Antwort, und praktisch alle antworten auch richtig, wenn sie allein gefragt werden. Nun fragt man sie in einer Gruppe. Am Anfang geben zwei Lockvögel eine eindeutig falsche Antwort. Ein Großteil der Probanden antwortet dann plötzlich auch falsch – obwohl er es besser weiß.

Warum tun wir das? Wir wollen nicht blöd dastehen! Wir gehen davon aus, dass die anderen uns weniger mögen und wir uns sogar blamieren können, wenn wir anders entscheiden als die anderen. Denken Sie an das Ähnlichkeitsprinzip – die anderen mögen uns, wenn wir ähnliche Ansichten haben. Und wir *wollen* gemocht werden! Nachweislich werden in unserem Gehirn Regionen für schlechte Gefühle aktiv, wenn wir uns gegen eine Gruppe »auflehnen«. Das gilt selbst dann, wenn wir die Menschen um uns herum gar nicht kennen und vermutlich nie wieder sehen werden. Auch von solchen Menschen wollen wir gemocht werden, und es tut uns weh, sich gegen sie aufzulehnen. Dieses Phänomen kennen wir alle unter dem Begriff Gruppenzwang – aber nur wenigen von uns ist bewusst, *wie* sehr der Gruppenzwang tatsächlich unser Leben bestimmt.

Besonders stark orientieren wir uns an anderen, wenn wir sie als Experten oder Autoritäten wahrnehmen. Auch das ist an sich nicht verwunderlich; trotzdem schockten die inzwischen berühmten Experimente des Psychologen Stanley Milgram in den 1960er Jahren die Welt. Niemand hatte zuvor angenommen, dass ganz normale Menschen derart restlos ihr eigenes Gewissen aufgeben und sich einer scheinbaren Autorität unterwerfen würden: Probanden sollten einem Lockvogel Stromschläge verpassen, um angeblich zu prüfen, wie Bestrafung mit Lernen zusammenhängt. Die Stromstärke stieg stetig an bis zu über 400 Volt. Der Lockvogel schrie, protestierte und reagierte am Ende gar nicht mehr – trotzdem erhöhten die meisten Probanden gehorsam den Strom, wenn der Versuchsleiter sie dazu aufforderte. Sie gaben die Verantwortung erschreckend leicht an eine Autorität ab.

Nun muss es nicht immer schlecht sein, sich konform zu verhalten. Oft bekommen wir eben doch die richtigen Informationen, wenn wir nach links und rechts schauen. Und wenn jeder immer und überall seine Überzeugung gegen die anderen durchsetzen würde, könnten wir in der Gesellschaft nicht mehr zusammen leben, schon gar nicht zusammen arbeiten. Aber bewusst sollten wir es schon tun. Fragen Sie sich doch beim nächsten Mal: Bin ich das selbst – oder wirkt hier gerade ein informativer oder normativer Einfluss?

Asch, S. (1951): *Opinions and social pressure.* Scientific American, 193, 31–35

Berns, G.S., Chappelow, J., Zink, C.F., Pagnoni, G., Martin-Skurski, M. E. & Richards, J. (2005): *Neurobiological Correlates of Social Conformity and Independence During Mental Rotation.* Biological Psychiatry, 58, 245–253

Milgram, S. (1982): *Das Milgram-Experiment. Zur Gehorsamsbereitschaft gegenüber Autorität.* Reinbek: Rowohlt

Rohrer, J.H., Baron, S.H., Hoffman, E.L. & Swander, D.V. (1954): *The stability of autokinetic judgments.* Journal of Abnormal and Social Psychology, 49, 595–597

WO SIE SICH AM BESTEN ÜBERFALLEN LASSEN SOLLTEN

So tricksen Sie den Zuschauereffekt aus

> Nehmen wir an, jemand erleidet ganz plötzlich einen Herzinfarkt. Was meinen Sie: In welcher Situation überlebt er am ehesten?
> - [ ] Abends im Büro, wenn er Überstunden macht und schon alle gegangen sind bis auf eine einzige Kollegin im Zimmer nebenan. Sie ist allerdings schwanger und kann daher kaum noch laufen und schon gar keine Erste Hilfe leisten.
> - [ ] In der U-Bahn, in der 30 Menschen um ihn herumsitzen, die fast alle ein Handy haben und körperlich fit sind.

Intuitiv möchten die meisten eher viele Menschen um sich herum haben, wenn sie einmal in Not geraten sollten. Niemand möchte in einer solchen Situation gern von nur einer Person abhängig sein. Je mehr Menschen es gibt, desto eher wird schon einer helfen können und wollen, denken wir oft.

Tatsächlich ist es aber besser, wenn wir in einem Notfall so wenige Menschen wie möglich um uns herum haben (so lange es wenigstens einer ist) – es steigert unsere Überlebenschance drastisch. Diesen traurigen Effekt können wir regelmäßig in der Zeitung nachlesen: Jemand wird zum Beispiel an öffentlichen Orten überfallen, Dutzende Menschen stehen herum, aber es dauert wertvolle Minuten, bis jemand endlich hilft. Oft hilft auch gar niemand. Hinterher ist der Schock im Lande jedes Mal groß. Wie kann das passieren, fragen sich alle? Leben wir in einer Gesellschaft feiger Egoisten? Sind wir alle nur Voyeure, im wahrsten Sinne des Wortes hilflos?

Die wissenschaftliche Erklärung ist etwas schwieriger. Dass viele Menschen eher zuschauen als helfen, ist in der Psychologie als der »Zuschauereffekt« gut erforscht. Manche nennen ihn auch das »Genovese-Syndrom«. Die Amerikanerin Kitty Genovese wird in den 1960er Jahren in New York City brutal überfallen und ermordet. Der Überfall dauert über eine halbe Stunde; Ermittlungen ergeben später: Mindestens 38 Personen beobachten oder hören die Tat. Keiner von ihnen hilft.

Welche Gruppendynamik läuft in solchen Fällen ab?

Hier wirken zunächst zwei Phänomene zusammen, die wir bereits kennengelernt haben (siehe S. 200): der informative und der normative Einfluss.

Wenn wir unsicher sind, wie wir eine Situation einzuschätzen haben, dann orientieren wir uns an den Menschen um uns herum und »borgen« uns von ihnen Informationen. Besonders in Notsituationen sind wir fast immer unsicher, denn sie passieren nicht alle Tage in unserem Leben. Uns fehlt die Übung. Wir fragen uns: Was geht hier vor sich? Ist es gefährlich oder sieht es nur so aus? Was soll ich tun? Außerdem ist in Notfällen meist die Zeit knapp – ein weiterer Grund, nicht lange zu überlegen, sondern uns nach den Menschen um uns herum zu richten.

In der sogenannten Rauchstudie lässt man zum Beispiel Probanden in einem Zimmer warten und dort plötzlich weißen Rauch aus einer Öffnung strömen. Die meisten verlassen schnell den Raum – wenn sie dort alleine warten. Setzt man jedoch Lockvögel mit ins Zimmer, die ruhig bleiben, dann bleiben die Probanden auch ruhig – und sitzen. Selbst wenn sie kaum noch etwas sehen können vor Rauch. Riecht es in einem Flugzeug plötzlich nach Rauch, dann schauen wir uns um und prüfen, wie die anderen reagieren. Bleiben die ruhig, kann es nichts Schlimmes sein. Denken wir.

Schon das kann fatal sein. Denn die anderen wissen es meist auch nicht besser. Wie sollten sie? So schauen sich alle ratlos an – und jeder interpretiert den ratlos-abwartenden Blick des anderen so: Der bleibt ruhig und gelassen, also ist alles gar nicht so schlimm. Diesen Effekt nennen wir die »pluralistische Ignoranz«: Wenn sich niemand aufregt, regen wir uns auch nicht auf. Wenn dann auch noch manche als »Experten« in Erscheinung treten und ein Sonderwissen ausstrahlen, wähnen wir uns vollends auf der sicheren Seite. Ihnen vertrauen wir ja besonders, aber in plötzlichen Krisensituationen wissen Experten oft genauso wenig wie wir. Sie handeln nur selbstsicherer als andere (weil hier die Überlegenheitsillusion wirkt, siehe »›Zum Glück sind wir nicht so wie die Müllers…‹ – oder doch?«, S. 83).

Regelmäßig hören wir von tragischen Unfällen in Urlaubsländern. Da versinkt ein schrottreifes Schiff auf offenem Meer oder ein ersichtlich betrunkener Fahrer donnert einen Bus mit Touristen an den Baum. Hinterher fragen sich die TV-Reporter: Wie um alles in der Welt konnte da jemand einsteigen? Die Antwort: Weil es die anderen auch taten. Sie blieben ruhig, also entschied jeder für sich: Situation ungefährlich.

Als am 11. September 2001 in New York das erste Flugzeug in einen Turm des World Trade Centers fliegt, verbreitet sich im Gebäude schnell die Ansage, alle sollen in ihren Büros bleiben, Ruhe bewahren und auf Rettung warten. So sind dort in der Tat die generellen Anweisungen für Notfälle, und »Experten« bekräftigen diese Anweisungen noch einmal in der entscheidenden Situation. Manche Büroarbeiter folgen ihrem Instinkt und laufen die Treppen herunter – und werden unten wieder hoch in ihre Büros geschickt. Und sie folgen.

Niemand, der in seinem Büro blieb, überlebte.

Die Überlebenden waren nur Menschen, die sich auf ihre eigene Wahrnehmung und Einschätzung verließen.

Doch zurück zum Zuschauereffekt und der Frage: Warum helfen Zuschauer so selten bei einem Notfall? Wird jemand in der U-Bahn verprügelt, dann mag ja am Anfang die Situation noch unklar sein. Möglicherweise handelt es sich nur um einen bösen »Spaß« zwischen

Kumpels, vielleicht hört der Täter gleich wieder auf oder das Opfer ist stark genug, sich selbst zu wehren. Irgendwann kommt allerdings der Punkt, an dem die Information klar ist: Jemand ist in Gefahr und braucht Hilfe. Vielleicht schreit er sogar um Hilfe. Trotzdem tut die Masse der Menschen weiterhin so, als wäre nichts.

Dieses Phänomen nennen wir »Verantwortungsdiffusion«. Selbst wenn wir die Lage richtig einschätzen, fühlen wir uns weniger verantwortlich zu helfen, je mehr andere Menschen anwesend sind. Dies ergeben viele Experimente mit vorgetäuschten Notfällen, bei denen Probanden einmal alleine, dann in der Gruppe getestet werden.

Was lernen wir daraus?

Erstens: Unser Bauch kann uns in Krisensituationen unser Leben retten. Wenn Sie unsicher sind, fragen Sie sich: Was würde ich jetzt tun, wenn niemand sonst hier wäre? Denken Sie daran, dass andere wahrscheinlich nicht mehr wissen als Sie selbst – und hören Sie im Zweifel auf Ihren Instinkt. Das gilt auch schon *vor* einem Notfall – wenn es darum geht, überhaupt einzuschätzen, wie gefährlich eine Situation werden kann.

Zweitens: Sind Sie selbst Notfallopfer und brauchen Hilfe, tricksen Sie die pluralistische Ignoranz aus. Sagen Sie klar: »Ich brauche Hilfe.« Tricksen Sie dann die Verantwortungsdiffusion aus, indem Sie eine ganz konkrete Person ansprechen: »Sie mit der grauen Krawatte, bitte rufen Sie die Polizei.«

Und drittens: Retten Sie jemand anderem das Leben, indem Sie sich als Zuschauer an den Zuschauereffekt erinnern. Ein interessantes Studienergebnis gibt es nämlich noch: Menschen helfen eher, wenn sie vorher vom Zuschauereffekt gehört haben und ihnen das Problem daher bewusst ist. Erzählen Sie Ihr Wissen also auch weiter. So oft Sie können.

Beaman, A. L., Barnes, P. J., Klentz, B. & McQuirk, B. (1978): *Increasing Helping Rates Through Information Dissemination: Teaching Pays.* Personality And Social Psychology Bulletin, 4, 406–411

Darley, J. M. & Latané, B. (1970): *The unresponsive bystander: Why doesn't he help?* New York: Appleton-Century Crofts

Darley, J. M. & Latané, B. (1968): *.Bystander intervention in emergencies: Diffusion of responsibility.* Journal of Personality and Social Psychology, 8, 377–383

WIESO WIR NIE TUN, WAS WIR SOLLEN, UND NIE KRIEGEN, WAS WIR WOLLEN

Mit ein paar Tricks aus der Einstellungsforschung können Sie das »Reaktanz«-Phänomen für sich nutzen

Damals – im Paradies: Nicht, dass es nicht genug gäbe von allem. Das Paradies ist ein Schlaraffenland. Die Dinge ragen Adam und Eva förmlich in den Mund. Sie brauchen nur zuzubeißen. Und dennoch: Es muss dieser eine, dieser verbotene Apfel sein. Alles andere, Erlaubte, ist im Vergleich dazu uninteressant.

Damals – wir sind noch klein: Schokolade schmeckt natürlich immer und an sich schon sehr gut. Aber besonders und extrem gut schmeckt sie, wenn wir sie eigentlich nicht haben dürfen. Dann wollen wir sie erst recht. Dann kämpfen wir wie die Wilden, lehnen uns mit Bärenkräften gegen Mama auf, die sie uns nicht geben will, jedenfalls nicht so viel davon, wie wir gern hätten.

> Heute – wir sind inzwischen geschlechtsreif: Knutschen ist natürlich immer und an sich schon sehr gut. Aber besonders und extrem gut ist Fremdknutschen, was wir eigentlich nicht tun dürfen. Dann wollen wir es erst recht. Dann entwickeln wir ungeahnte Energien und Strategien.
> Warum sind gerade die »verbotenen« Früchte dieser Erde immer so besonders reizvoll für uns?

Adams, Evas und unser Verhalten bezeichnen wir in der Fachsprache als »reaktant«. Die Reaktanztheorie hat bereits in den 1960er Jahren unter anderem der Psychologe Jack Brehm geprägt: Reaktanz ist die Folge von Druck, ein sich Auflehnen gegen innere oder äußere Einschränkungen – zum Beispiel wenn uns jemand etwas wegnehmen will, uns droht, uns etwas verbietet. Unser – im allgemeinen Sprachgebrauch: trotziges – Verhalten besteht dann darin, dass wir die unerwünschten oder verbotenen Handlungen weiterhin oder sogar erst recht ausführen – auf diese Weise möchten wir nämlich unsere Freiheiten zurückerobern!

Die Reaktanztheorie wurde in vielen interessanten Experimenten belegt. So bewerten zum Beispiel Kinder einen unterbrochenen Film besser, wenn er angeblich nicht mehr fortgesetzt werden kann, als wenn sie ihn später doch noch zu Ende schauen dürfen.

Im Extremfall haben wir übrigens von der Handlungsmöglichkeit (Apfel, Schokolade, Knutschen) freiwillig nie Gebrauch gemacht, bevor die Beschränkung eingetreten ist – üben die Handlung aber seitdem aus. Verrückt!

Ein witziges Beispiel finden wir in dem berühmten Roman von Mark Twain: Der Tausendsassa Tom Sawyer wird von seiner Tante Polly immer und immer wieder mit Erziehungsmaßnahmen drangsaliert. Als er eines Tages den Gartenzaun streichen soll, kommt sein Freund Ben vorbei und macht sich darüber lustig. Tom tut so, als wäre er von seiner Tätigkeit völlig begeistert, als gäbe es nichts Schöneres in diesem Moment. Ben ist verwirrt – und fragt, ob er nicht mithelfen könne. Tom bedauert, er glaube nicht, dass Ben begabt sei; und seine Tante sei sehr anspruchsvoll. Ben drängt und drängt und bietet Tom sogar ein Geschenk an – letztlich hat Tom seinen Freund in eine Aktion manövriert, die ihm unter normalen Umständen im Leben nicht eingefallen wäre – wäre sie nicht so schwer erreichbar und damit äußerst attraktiv gewesen...

Damit eröffnet sich neben der Erklärung für »Jetzt-will-ich-erst-recht-Schokolade-haben-Reaktionen« ein ganz neues Feld: Bringen Sie Ihre Mitmenschen dazu, endlich das zu tun, was Sie wollen!

Wenn Ihnen etwas wichtig ist, Ihr Gegenüber Ihnen aber nicht den Hauch einer Chance geben will, dann haben Sie zwei Möglichkeiten: Entweder Sie nutzen die selbsterfüllende Prophezeiung (siehe S. 51) und »loben« die betreffende Person schon vorab für das Verhalten, das sie erst noch entwickeln soll. Oder Sie machen es wie Tom Sawyer mit seinem Freund Ben: Arbeiten Sie mit einer sogenannten »paradoxen Intervention«, die auch im therapeutischen Kontext große Dienste leistet. Signalisieren Sie zum Beispiel Ihrer Mutter – natürlich ganz unauffällig: »Sooo lecker finde ich Schokolade jetzt auch wieder nicht« oder: »Bitte belästige mich jetzt nicht noch zusätzlich mit Schokolade.« Ihre Frau Mama wird sich dadurch gewaltig in ihrer Freiheit und ihrem Handlungsspielraum eingeschränkt sehen und Ihnen vor lauter

Reaktanz plötzlich unbedingt noch ganz viel Schokolade angedeihen lassen wollen …

Brehm, J. W. (1966): *Theory of psychological reactance.* New York: Academic Press

Mischel, W. & Masters, J. C. (1966): *Effects of probability of reward attainment on responses to frustration.* Journal of Personality and Social Psychology, 3, 390–396

WARUM IHR ALTPAPIER MEHR WERT SEIN KANN ALS DAS AUTO IHRES NACHBARN

Der »Besitztumseffekt« hilft Ihnen, gute Geschäfte zu machen

Wochenende: Sie schlendern entspannt über einen Flohmarkt. An einem Stand mit Plunder bleiben Sie spontan stehen und nehmen einen drei Jahre alten Comic in die Hand. Sie blättern, schmunzeln, lesen sich fest, wollen den Comic kaufen. Es ist ein ganz normales Heft aus einer gewöhnlichen Reihe, zerlesen und zerfleddert. Der ursprüngliche Preis laut Etikett: 3,50 Euro.

»Mehr als 30 Cent ist das Ding nicht wert«, denken Sie, »heute machst du mal was ganz Verrücktes und kaufst einen alten Comic.«

»Wie viel wollen Sie hierfür?«, fragen Sie gut gelaunt die Verkäuferin.

»18 Euro«, schallt es Ihnen entgegen, im Brustton der Überzeugung.

> Sie schauen sich beide kurz entgeistert in die Augen, dann entspinnt sich ein kurzes »Gespräch«, das wir hier nicht im Wortlaut wiedergeben, in dessen Verlauf aber unter anderem die Ausdrücke »völliger Realitätsverlust« und »unverschämter Pfennigfuchser« fallen.
> Kopfschüttelnd gehen Sie weiter. Kopfschüttelnd schaut Ihnen die Verkäuferin noch lange nach.

Woher kommt diese kleine »Meinungsverschiedenheit«? Natürlich will ein Verkäufer die Preise immer eher in die Höhe treiben, der Käufer immer eher nach unten handeln. Das ist klar, aber das ist auch Taktik. In Wirklichkeit wissen beide, dass die Sache eigentlich mehr beziehungsweise weniger wert ist.

Damit lässt sich die beschriebene Situation jedoch noch nicht erklären. Allein eine gewöhnliche Verhandlungstaktik führt niemals zu derart drastischen Unterschieden in der Einschätzung und vor allem nicht zu solch emotionalen Szenen – bei gewöhnlicher »Taktik« wissen die Beteiligten ja beide, dass sie Fantasiepreise nennen. Solche Szenen entstehen nur, wenn die Preise aus Sicht beider Seiten eben keine Fantasiepreise sind: Beide sind zutiefst davon überzeugt, dass die Sache den von ihnen genannten Wert tatsächlich hat.

Nun lässt sich der Wert eines Comic-Hefts der beschriebenen Art recht objektiv bestimmen; nehmen wir an, er liegt hier bei etwa zwei Euro. Wie kann der eine dann davon überzeugt sein, der Comic sei 18 Euro wert, der andere, er sei höchstens 30 Cent wert?

Hier wirkt sich der sogenannte »Besitztumseffekt« aus. Und der wirkt nicht nur auf dem Flohmarkt, wie wir gleich sehen werden...

Der Besitztumseffekt führt dazu, dass wir denselben Gegenstand für wertvoller halten, wenn wir ihn besitzen, als wenn ihn jemand anderes besitzt. In einem berühmten Experiment teilt man Probanden in zwei Gruppen ein. Den Probanden der einen Gruppe gibt man jeweils eine Tasse in die Hand. Der anderen Gruppe zeigt man die Tassen nur. Fragt man nun, welchen Preis die Probanden für die Tasse fordern beziehungsweise zahlen würden, so hält die Gruppe ohne Tassen im Schnitt einen Preis von 2,87 Dollar für angemessen. Wer die Tasse schon in der Hand hat, findet hingegen, sie sei einen Verkaufspreis von 7,12 Dollar wert, also mehr als doppelt so viel! Weitere Experimente bestätigen: Der Besitztumseffekt wirkt sich regelmäßig etwa im Verhältnis 2:1 aus.

Dieser Effekt bestimmt unser Leben in vielen Bereichen: So nutzen ihn zum Beispiel Händler aus, die potenziellen Kunden eine Ware für zwei Wochen zum Testen überlassen – den Gegenstand wieder zurückgeben zu müssen, ist schlimmer, als ihn von vornherein nicht zu haben. Wer Steuern nachzahlen müsste, neigt eher zur Hinterziehung, als jemand, der ohnehin schon eine Vorauszahlung geleistet hat und sein Geld los ist. Steigt der Benzinpreis um einen Cent, können sich manche Menschen maßlos darüber ärgern. Sie freuen sich aber nicht annähernd so stark, wenn der Preis um einen Cent sinkt. Und auf dem eigenen Speicher, im Keller oder im Kleiderschrank kann jeder den Besitztumseffekt bei sich zu Hause betrachten: So viele Dinge haben wir seit Jahren nicht mehr benutzt und werden sie nie mehr benutzen; sie sind objektiv gesehen praktisch wertlos – aber wir werfen sie trotzdem nicht weg, weil wir glauben, es handle sich um gar kostbare Schätze.

Der Besitztumseffekt ist inzwischen auch neurologisch nachgewiesen: Man untersucht das Gehirn von Menschen, die sich gerade von etwas trennen. Es ist dort aktiv, wo auch Schmerzen verarbeitet werden – in der sogenannten Inselrinde, einem Teil der Großhirnrinde. Diese Aktivität ist selbst dann nachweisbar, wenn die Menschen den Gegenstand verkaufen, also einen Gegenwert bekommen und ihnen unter dem Strich eigentlich gar nichts genommen wird. Sich von etwas zu trennen verursacht also immer Schmerzen, völlig unabhängig von einer objektiven wirtschaftlichen Betrachtung.

Selbst in der Partnerschaft kann sich der Besitztumseffekt auswirken …

Kahneman, D., Knetsch, J. L. & Thaler, R. H. (1990): *Experimental Test of the endowment effect and the Coase Theorem.* Journal of Political Economy, 98, 1325–1348

Kuhnen, C. M. & Knutson, B. (2005): *The Neural Basis of Financial Risk Taking.* Neuron, 47, 763–770

WIE HERR »SCHIESSMICHTOT« SEINEN NAMEN ZURÜCKBEKOMMT

Mit kreativen Problemlösungstechniken können Sie revolutionäre Erfindungen machen

> Morgens früh, wir sind gerade auf dem Weg zur Arbeit, da kommt uns ein bekanntes Gesicht entgegen, wir grüßen noch freundlich: »Hallo Herr... äh – Moment, war das nicht der Mann von... Verdammt, wie hieß er noch gleich? Meier, Mahler, Müller, irgendwas mit M...« Doch der Name will und will uns partout nicht einfallen, je mehr wir darüber nachdenken.
> Später am Nachmittag fällt uns beiläufig der Name wie Schuppen von den Augen: »Hamal, genau – so hieß der Mann unserer Kollegin aus der Marketingabteilung.«

Und so geht es uns nicht nur mit Personennamen. Sogenannte »mentale Fixierungen« hindern uns daran, alles Mögliche zu erinnern oder Informationen neu und sinnvoll zu kombinieren: Begriffe, Begebenheiten, Situationen, Daten...

Lesen Sie dazu ein Experiment aus der kreativen Problemlöseforschung, das sogar den Sprung aus der Psychologievorlesung in die Knobelbücher geschafft hat: Es gibt zwei Gruppen von Versuchspersonen, beide Gruppen bekommen jeweils
- eine kleine Kerze
- eine Streichholzschachtel mit Streichhölzern
- eine Reißzwecke und
- den Auftrag, die Kerze an der Wand auf Augenhöhe zu montieren.

Der Unterschied zwischen den Versuchspersonengruppen: Die erste Gruppe soll vorher mit Streichhölzern Kerzen anzünden, die zweite Gruppe nicht.

Wer findet die Lösung schneller?

Die zweite Gruppe gewinnt: Sie befestigt die Streichholzschachtel mit der Reißzwecke an der Wand und benutzt sie als Podest, auf dem sie die Kerze festwachst. Die erste Gruppe hingegen puzzelt vergeblich an verschiedenen Varianten herum, die Kerze mit der Reißzwecke an die Wand zu drücken.

Wie sind diese Ergebnisse zu erklären?

Das Streichholzanzünden hat bei der ersten Gruppe eine mentale Blockade verursacht – eine »funktionale Fixiertheit«, wie wir in der Psychologie sagen: Schachtel gleich Behälter. Die »unbelastete« zweite Gruppe hingegen ist in der Lage, die Funktion der Schachtel von »Behälter« zu »Ständer« umzudeuten. Das ist das Geheimnis der Kreativität: die Fähigkeit, einer Sache eine Funktion zuzuweisen, für die sie eigentlich nicht gedacht war.

Zurück zu unserem Herrn Hamal: Unser Gedächtnis ist durch das »zwanghafte« Nachsinnen völlig fixiert auf »M am Anfang des Namens« (Meier, Mahler, Müller). Dadurch sind andere Möglichkeiten, zum Beispiel »M an dritter Stelle« geringer verfügbar. Diese Fixationseffekte wirken unbewusst auf unseren bewussten Teil des Problemlösevorgangs. Wissenschaftliche Experimente zeigen, dass sich solche Fixierungen manchmal sogar erst nach einer Woche auflösen.

Wenn wir blockiert sind, tun wir also gut daran, kreative Pausen einzulegen, uns komplett aus der Materie zurückzuziehen. Dadurch entsteht eine Art produktiven Vergessens. Das Angenehme dabei: Es handelt sich um eine völlig passive Form der Überwindung von Fixierungen. Wir müssen uns nicht mal anstrengen dabei, wir brauchen nur ein wenig Geduld.

Die bedeutendsten Persönlichkeiten aus Kultur und Forschung – Bertold Brecht, Charlie Chaplin, Albert Einstein und viele andere mehr – haben ihre Meisterleistungen nach einer kreativen Vergessensphase zu Tage gefördert.

So hat das Altern, automatisch gepaart mit Vergessen, ja doch auch seine attraktive Seite...

Duncker, K. (1945): *On problem solving.* Psychological Monographs, 58, 1–110

Hussy, W. (1998): *Denken und Problemlösen.* Stuttgart: Kohlhammer

Schneider, W. (2003): *Die Enzyklopädie der Faulheit: Ein Anleitungsbuch.* Frankfurt/M.: Eichborn

GELD BREMST DIE WELT!

Tricksen Sie den »Korrumpierungseffekt« aus und schenken Sie sich und anderen das Glück der »intrinsischen Motivation«

Nehmen wir an, in Ihrem Haus wohnt eine ältere Dame, die nicht mehr gut zu Fuß ist. Ein junger Student aus der Nachbarschaft geht einmal in der Woche für sie einkaufen. Er macht das sichtlich gerne, genießt es, Nachbarschaftshilfe zu leisten und jedes Mal ein paar Worte mit der älteren Dame zu plaudern.

Nehmen wir an, die ältere Dame ist wohlhabend. Als sie Sie kürzlich im Hausflur treffen, wendet sie sich mit einer Frage an Sie: »Der junge Mann hilft mir so viel und hat doch als Student nicht viel Geld. Soll ich ihm nicht jedes Mal 20 Euro geben? Dann wäre uns doch allen geholfen.«

Was raten Sie ihr?

Auf den ersten Blick ist der Fall klar: Da hilft jemand, der Geld brauchen könnte. Und diejenige, der geholfen wird, hat Geld abzugeben. Alle könnten von der Situation profitieren, oder?

Ganz so einfach ist es aber nicht. Es könnte sein, dass der Student ganz plötzlich die Lust an der Sache verliert, wenn er dafür Geld bekommt – und sich die ältere Dame dann eine andere Einkaufshilfe suchen muss.

Klingt paradox, ist aber wissenschaftlich bewiesen. Bei dem Studenten könnte der sogenannte »Korrumpierungseffekt« eintreten. Damit beschreiben wir die Beobachtung, dass äußere Anreize eine innere Motivation schwächen oder gar zerstören können.

Als Motivation bezeichnen wir grundsätzlich den Antrieb, Ziele zu verfolgen und bestimmte Dinge zu tun. Grundsätzlich unterscheiden wir dabei zwischen sogenannter »intrinsischer« und »extrinsischer« Motivation.

Die intrinsische Motivation kommt aus uns selbst heraus: Wir tun etwas, einfach weil wir es gern tun, es interessant oder sinnvoll finden. Das ist natürlich der Idealzustand, sowohl für uns selbst als auch für andere. Wir gehen dabei ganz in unserem Tun auf – und jeder, der von unserer Tätigkeit profitiert, hat großes Glück, sei es unser Arbeitgeber oder die ältere Dame in dem genannten Beispiel. Die anderen können sicher sein, dass wir alles ganz besonders gut und engagiert erledigen.

Die extrinsische Motivation hingegen kommt von außen: Wir tun etwas, das wir von uns aus eigentlich nicht tun würden. Wir tun es entweder, um dafür belohnt oder um nicht bestraft zu werden.

Intrinsische und extrinsische Motivationen können grundsätzlich nebeneinander wirken – jemand kann natürlich und zum Glück auch gern zur Arbeit gehen, *obwohl* er dafür Geld bekommt. Doch je höher der Anteil der intrinsischen Motivation ist, desto besser fahren alle Beteiligten damit. Und vor allem: desto wahrscheinlicher ist es, dass wir die betreffende Sache auch weiterhin tun, wenn die äußere Belohnung einmal wegfallen sollte.

Hier kommt nun der Korrumpierungseffekt ins Spiel: Bekommen wir für etwas, das wir bisher freiwillig und gern getan haben, plötzlich eine Belohnung, so bewertet unser Gehirn diese Tätigkeit auf einmal neu. Es sagt sich: »Sooo toll kann ich diese Tätigkeit ja auch wieder nicht finden, wenn ich sie gegen eine Belohnung mache.« Das hat unter anderem mit der kognitiven Dissonanz zu tun, von der schon die Rede war (siehe »Warum wir uns die Welt immer schönreden«, S. 66).

Wie kommt es zu diesem Prozess? Kaum sind wir auf der Welt, wird uns eingetrichtert: Belohnungen gibt es für die Dinge, die wir nicht gern tun, die unangenehm sind! Wir dürfen fernsehen, wenn wir unser Zimmer aufgeräumt haben; wir dürfen draußen spielen gehen, wenn wir den seltsam schmeckenden Spinat heruntergewürgt haben; und wenn unsere Hausaufgaben fertig sind, gibt es ein Eis oder ein Stück Schokolade. Das geht so weiter und gipfelt darin, dass viele ihr späteres Gehalt ganz offen als »Schmerzensgeld« oder »Schweigegeld« bezeichnen. Für angenehme Dinge, wie zum Beispiel das Fernsehen selbst oder fürs Computerspielen oder Internetsurfen, wurden wir hingegen nie belohnt. Die Verbindung zwischen »Belohnung« und »unangenehmer Tätigkeit« ist damit fest in unserem Bewusstsein verwurzelt.

Weil das so ist, »korrumpiert« eine äußere Belohnung unsere eigene Bewertung einer Situation: Wir verlieren plötzlich die Freude an der Sache. Im Lauf der Zeit konzentrieren wir uns immer stärker darauf, die Belohnung zu bekommen, als darauf, dass wir Freude an der Tätigkeit haben. Die Folge: Fällt die Belohnung irgendwann einmal weg, so stellen wir die Tätigkeit ein. Gibt man in einem Experiment zum Beispiel Kindern ein Mathematik-Lernspiel, so beschäftigen sich die Kinder damit am Anfang stark, weil es ihnen Spaß macht. Dann belohnt man sie einige Tage lang dafür, dass sie sich mit dem Lernspiel beschäftigen. Am Ende stellt man die Belohnung wieder ein und schaut, wie sehr sich die Kinder dann noch für das Mathematik-Lernspiel interessieren. Das Ergebnis: Ihr Engagement geht im Vergleich zum Anfang drastisch zurück.

Die Arbeitswelt kämpft seit jeher mit diesem Dilemma: Zielvereinbarungen, Bonuszahlungen und Gehaltserhöhungen sollen äußere Anreize für Leistung setzen. Das ist verrückt, wenn wir uns in Erinnerung rufen, dass ein rein intrinsisch motivierter Arbeitnehmer seine Arbeit am besten macht! Andererseits: Sollen gerade diese Menschen, die dem Arbeitgeber am meisten bringen, am wenigsten Geld bekommen? Das erschiene ungerecht. Dieses Dilemma ist bis heute nicht gelöst. Und so lange organisiert sich die Arbeitswelt vorsichtshalber weiterhin nach dem System des äußeren Anreizes.

Ist eine äußere Belohnung nun völlig ungeeignet, um Menschen anzutreiben? Oh nein! Äußere Belohnungen können sogar ganz ungeahnte Kräfte entfalten, wie wir bereits wissen (siehe S. 189) Und wie die Beispiele aus unserer Kindheit zeigen, haben äußere Anreize ja durchaus (zumindest manchmal) dazu geführt, dass wir unser Zimmer aufräumten, den Spinat aßen und unsere Hausaufgaben machten. Die extrinsische Motivation wirkt überall dort hervorragend, wo wir keine intrinsische Motivation haben. Also eben tatsächlich bei den Dingen, die wir unangenehm finden. Führen wir uns nun vor Augen, wie gut das Belohnungsprinzip im Arbeitsleben insgesamt dann doch funktioniert, so lässt sich daraus die traurige Schlussfolgerung ziehen, dass die Menschen generell keinen allzu großen Spaß an ihrer Arbeit haben können ...

Seien Sie also vorsichtig, wenn es um äußere Belohnungen geht, sowohl ums Bekommen als auch ums Austeilen. Sie könnten sich oder andere Menschen um die vielleicht größte Belohnung bringen, die es gibt: das Glück, etwas aus eigenem Antrieb zu tun.

Deci, E. L. (1971): *Effects of externally mediated rewards on intrinsic motivation.* Journal of Personality and Social Psychology, 18, 105–115

Fehr, E. & Falk, A. (2002): *Psychological foundations of incentives.* European Economic Review, 46, 687–724

Greene, D., Sternberg, B. & Lepper, M. R. (1976): *Overjustification in a token economy.* Journal of Personality and Social Psychology, 34, 1219–1234

VERMUTLICH HABEN SIE KEIN WELTBILD

Die Veränderungsblindheit stellt unsere Umweltwahrnehmung infrage

Vergleichen Sie dieses Bild mit dem Bild auf der nächsten Seite:

Fällt Ihnen etwas auf?

So viel vorab: Die beiden Bilder unterscheiden sich. Wenn Sie den Unterschied noch nicht entdeckt haben, vergleichen Sie ruhig noch einmal.

Und noch einmal.

Immer noch nicht? Kleiner Tipp: Der Unterschied ist nicht klein! Er ist riesig! Das sind keine Suchbilder, bei denen irgendwo ein winziges Blatt oder eine Augenbraue fehlt. Es fehlt ein ganzer Baum!

Warum tun wir uns so schwer, einen solch großen Unterschied zu erkennen, wenn wir zwischendurch eine Seite umblättern?

Dieses Phänomen nennen wir »Veränderungsblindheit«. Selbst große Änderungen in einer Szene nehmen wir nicht wahr, wenn unsere Aufmerksamkeit auch nur kurz unterbrochen wird, während die Veränderung eintritt – in diesem Fall durch das Umblättern. Der gleiche Effekt tritt zum Beispiel ein, wenn ein Bild auf einem Monitor oder einer Leinwand flackert und sich während eines Flackerns massiv ändert. Wir merken es einfach nicht! Schon eine kleine Augenbewegung reicht als Ablenkung aus.

Und wir lassen uns dabei die fantastischsten Änderungen unterjubeln: In Experimenten merken Zuschauer zum Beispiel noch nicht einmal, wenn in einer Filmszene die Köpfe von zwei Menschen ausgewechselt werden – vorausgesetzt, man provoziert eine kurze Augenbewegung beim Zuschauer.

Wir merken auch nicht, wenn die Person wechselt, mit der wir gerade reden: In einem Experiment fragt ein Lockvogel einen Passanten nach dem Weg. Wie zufällig trägt plötzlich jemand ein großes Paket zwischen den beiden durch – dabei wird der Lockvogel schnell ausgetauscht gegen jemanden, der völlig anders aussieht. Kaum zu glauben, aber wahr: Die meisten Passanten merken nicht, dass plötzlich ein ganz anderer Mensch vor ihnen steht – nur weil sie für den Bruchteil einer Sekunde durch das vorbeigetragene Paket abgelenkt waren. Fernsehsendungen, die vor versteckter Kamera ihre Streiche mit anderen Menschen spielen, nutzen regelmäßig die Veränderungsblindheit aus, ebenso Zauberkünstler auf der Bühne.

Die Veränderungsblindheit tritt auch dann auf, wenn wir zwar nicht abgelenkt sind, aber die Änderung sich nur ganz langsam und schleichend vollzieht. So bemerken Testpersonen vor einem Monitor zum Beispiel nicht, wenn sich auf einem Bild die Farbe eines Baums oder Hauses ganz allmählich ändert.

Die Veränderungsblindheit verblüfft nicht nur durch ihren Effekt – auch die möglichen Ursachen können im wahrsten Sinne des Wortes unser Weltbild infrage stellen. Lange Zeit ging man davon aus, dass wir ein solches Bild von der Welt um uns herum als stabilen visuellen Eindruck in unserem Kopf abspeichern. Erkennen wir nun aber selbst auffälligste Veränderungen in einer bildlichen Szene nicht, so legt das nahe: Wir speichern in unserem Kopf gar keine Bilder unserer Umwelt! Unser Gehirn löscht Bilder möglicherweise, sobald unsere Aufmerksamkeit nur kurz davon abgezogen ist – wie wenn wir einen Reset an unserem Computer vornehmen und an den Ausgangspunkt zurückkehren, und das bei jedem bloßen Augenzwinkern! Das wiederum würde bedeuten, dass wir unsere Umwelt gar nicht kontinuierlich wahrnehmen können, sondern uns mit jedem Augenaufschlag erst wieder ein ganz neues Bild machen müssen. Offenbar betrifft die Veränderungsblindheit tatsächlich nur den flüchtigen *optischen* Eindruck, denn Situationen und Handlungsstrukturen speichern wir ja ganz gut als »Schemata« (siehe S. 30) ab. Was wir bildlich als zusammenhängende Szene wahrnehmen, wäre dann eine bloße Illusion. Wir tappen im Dunkeln und tasten uns jedes Mal wieder neu voran...

Grimes, J. (1996): »On the failure to detect changes in scenes across saccades«. In: Akins, K. (Hrsg.): *Perception* (Vancouver Studies in Cognitive Science), 2, 89–110. New York: Oxford University Press

Levin, D.T. & Simons, D.J. (1997): *Failure to detect changes to attended objects in motion pictures.* Psychonomic Bulletin and Review, 4, 501–506.

O'Regan, J. K. & Noe, A. (2001): *A sensorimotor account of*

vision and visual consciousness. Behavioral and Brain Sciences, 24, 939–1031

Simons, D. J. & Levin, D. T. (1998): *Failure to detect changes to people during a real-world interaction.* Psychonomic Bulletin and Review, 5, 644–649

WO STANDEN SIE, ALS DIE WELT PLÖTZLICH STILLSTAND? – SIND SIE *SICHER?*

Was wir von der »Blitzlichterinnerung« aus der Gedächtnisforschung lernen können

> John Lennon, 1980 – Challenger, 1986 – Mauerfall, 1989 – 9/11, 2001 – Fukushima 2011...
> Daran erinnern Sie sich, als wäre es erst gestern gewesen: wo genau und wie genau Sie von im wahrsten Sinne des Wortes weltbewegenden Ereignissen erfahren haben, wer genau Ihnen berichtete, was genau Sie gerade taten...
> Doch wie *genau* ist eigentlich Ihre Gedächtnisleistung?

Das Besondere an sogenannten »Blitzlichterinnerungen« an überraschende, geschichtsträchtige Ereignisse ist: Wir haben sehr aufwändige, lebendige und detaillierte Bilder davon im Kopf – was genau passiert ist und wie genau wir davon erfahren haben. Erforscht wird dieses Phänomen seit 1977 unter anderem von den berühmten US-Psychologen Brown und Kulik in Zusammenhang mit der Erinnerung an die Ermordung Kennedys im Jahre 1963.

Wissenschaftlich erwiesen ist: Blitzlichterinnerungen werden zweifach abgespeichert – zum einen das Ereignis selbst als das sogenannte »Faktenwissen«, zum anderen die Begleitumstände als das sogenannte »autobiografische Wissen«. Weil die betreffenden Situationen besonders emotional sind, bietet unser Gedächtnis uns einen Extraservice an: eine spezifische Form der Speicherung und einen speziellen Informationsabruf.

Und genau an dieser Stelle endet auch schon der wissenschaftliche Konsens, denn vielfach zu beobachtende Erinnerungsfehler und Gedächtnisverluste heizen die Fachdebatte immer und immer wieder aufs Neue an. So »erinnert« sich zum Beispiel der ehemalige US-Präsident George W. Bush an bestimmte Fernsehbilder vom Einsturz der Twin Towers am 11. September 2001 – die zu diesem Zeitpunkt allerdings noch gar nicht ausgestrahlt worden waren. (Was natürlich Spekulationen begünstigt.)

Grundsätzlich geht die Wissenschaft davon aus, dass die Genauigkeit der Erinnerungen innerhalb der ersten drei Monate nach dem Geschehen nachlässt und sich nach zirka zwölf Monaten einpendelt.

Ferner weisen aktuelle Forschungen darauf hin, dass es sehr große Erinnerungsunterschiede *zwischen* Menschen gibt. Sie haben damit zu tun, inwieweit das auslösende Ereignis emotional positiv oder negativ besetzt ist. Diejenigen zum Beispiel, die dem Mauerfall 1989 gegenüber positiv eingestellt waren, erinnern eher die Begleitumstände, Bilder und die Stimmung. Diejenigen hingegen, die dem Mauerfall gegenüber negativ eingestellt waren, erinnern eher die Daten und Fakten.

Wie kommt es zu diesen unterschiedlichen Verarbeitungs- und Reproduktionsqualitäten?

Bei erfreulichen Ereignissen müssen wir keine Probleme lösen, also belastet sich unser Gehirn nicht mit all dem (überflüssigen) Daten-, Detail- und Faktenkram.

Bei negativen Ereignissen allerdings tun wir gut daran, wirklich allen Details unsere volle Aufmerksamkeit zuteil werden zu lassen, sie bis in den letzten Winkel zu analysieren und zu systematisieren. Denn negative Erlebnisse nehmen wir als Gefahr wahr, die wir ja zukünftig erkennen und vor allem vermeiden möchten. Das lässt sich bis in unsere Urgeschichte zurück begründen: Wer auf der Jagd einem Säbelzahntiger begegnet, ist gut beraten, sich alles haarklein zu merken und zukünftig einen großen Bogen um den gefährlichen Ort zu schlagen. Gleichzeitig ist es hilfreich, die Umstände und damit verbunden auch die Angst- und Schreckgefühle nicht zu intensiv zu verarbeiten, um die eigene Leistungsfähigkeit aufrechterhalten zu können. Denn die kann ja in solch einer Situation durchaus gefordert sein. Das Umkehrproblem kennen wir von psychotraumatisierten Menschen: Werden die auslösenden Ereignisse auch nach längerer Zeit noch intensiv und emotional erinnert, so beeinträchtigt das nicht nur die Arbeitsfähigkeit, sondern sogar die gesamte Lebensqualität.

Speichern wir hingegen gute Gefühle, so bewirken sie eine positive Haltung und verbessern das Selbstbewusstsein. Und weil es so schön war, erinnern wir uns gern emotional an diesen Moment. Wir sprechen auch viel mit anderen darüber und fügen dadurch ganz nebenbei nachträglich und unbewusst auch noch das eine oder andere »Erinnerungs«-Detail hinzu.

Unser Gehirn ist also sehr, sehr klug, wenn es differenziert vorgeht: »Merke ich mir jetzt besser die Fakten oder doch lieber die Gefühle?« Im klugen Gehirn selbst ist eine Region mit dem exotischen Namen Amygdala für diese Unterscheidung verantwortlich. Die Amygdala analysiert mögliche Gefahren und reichert Ereignisse emotional an.

Genau das öffnet Gedächtnisartefakten und Verfälschungen Tür und Tor: Je nach medialer Berichterstattung und entsprechender Bilderflut können wir manchmal im Nachhinein nicht mehr ganz klar erinnern, wer wann was wo und wie gesehen und erlebt hat, können die ursprünglichen Erinnerungen verzerrt werden. Nichts Genaues weiß man nicht.

Aber wir haben zumindest eine gewisse vage Erklärung für die fehlerhaften Erinnerungen George W. Bushs, dessen Ursprungserinnerungen sich mit später gesehenen Bildern vermischt haben könnten. Und eine gewisse vage Hoffnung auf eine gewisse vage Restwahrscheinlichkeit, dass er beim Anschlag doch nicht seine Finger im Spiel hatte, wie so mancher Verschwörungstheoretiker befürchtet...

Bohn, A. & Berntsen, D. (2007): *Pleasantness Bias in Flashbulb Memories: Positive and negative Flashbulb Memories of the Fall of the Berlin Wall.* Memory and Cognition, 35, 565–577

Brown, R., & Kulik, J. (1977): *Flashbulb memories.* Cognition, 5, 73–99.

Greenberg, D. L. (2004): *President Bush's False »Flashbulb« Memory of 9/11/01.* Applied Cognitive Psychology, 17, 363–370

Hamann, S. B., Ely, T. D., Grafton, S. T. & Kilts, C. D. (1999): *Amygdala activity related to enhanced memory for pleasant and aversive stimuli.* Nature Neuroscience, 2, 289–293

McCloskey, M., Wible, C. G. & Cohen, N. J. (1988): *Is There a*

Special Flashbulb-Memory Mechanism? Journal of Experimental Psychology, 117, 171–181

Neisser, U., Winograd, E., Bergman, E.T., Schreiber, C.A., Palmer, S. E. & Weldon, M. S. (1996): *Remembering the earthquake: direct experience vs. hearing the news.* Memory, 4, 337–357

WARUM FRAUEN *WIRKLICH* NICHT EINPARKEN UND MÄNNER *WIRKLICH* NICHT ZUHÖREN KÖNNEN

Wie Vorurteile Ihr Verhalten beeinflussen – und Sie die Vorurteile

Schnappen Sie sich eine Kollegin oder einen Freund und spielen Sie eine Runde Vorurteils-Bingo! Unten finden Sie ein paar gängige gesellschaftliche Vorurteile – ordnen Sie jeweils zwei davon der »richtigen« gesellschaftlichen Gruppe zu.
Wer zuerst alle Zeilen ausgefüllt hat, gewinnt. Los geht's!
Hier die Begriffe:
»emotional«, »faul«, »wirklichkeitsfremd«, »machthungrig«, »aggressiv«, »kontaktfreudig«, »analytisch«, »schlecht ausgebildet«.
Und hier die Gruppen:
Männer:

_____

_____

Frauen:
_____
_____

Politiker:
_____
_____

Arbeitslose:
_____
_____

Und nun beantworten Sie eine weitere Frage:
Haben Sie selbst Vorurteile?

Wetten doch? Nur wenige Menschen haben ernsthafte Probleme damit, die gängigen gesellschaftlichen Vorurteile der »richtigen« Gruppe zuzuordnen. Dieselben Menschen würden jedoch entschieden von sich weisen, selber Vorurteile zu haben.

Doch was bedeutet das eigentlich: Vorurteile »haben« oder nicht »haben«? Wie entstehen sie, wie vergehen sie?

Dass die meisten Menschen die oben abgefragten gängigen Vorurteile *kennen*, zeigt: Die Vorurteile sind in ihrem Kopf zumindest vorhanden. Wer dann also sagt: »Ich habe keine Vorurteile«, der kann damit schon mal nicht meinen: »Vorurteile existieren in meinem Kopf nicht.« So ziemlich alle von uns beherbergen gesellschaftlich gängige Vorurteile in ihrem Kopf.

Wie kommen sie da hinein?

Manche Forscher gehen davon aus, dass bestimmte Grundeinstellungen angeboren sind. Diese Vermutung ist nicht bewiesen, klar ist jedoch: Wir »lernen« Vorurteile unglaublich schnell von unserer Umwelt.

Schon kleine Kinder sind dafür sehr empfänglich: In einem klassischen Experiment teilt die legendär gewordene amerikanische Lehrerin Jane Elliot ihre dritte Klasse in zwei Gruppen – eine mit blauäugigen Kindern und eine mit braunäugigen. Sie sagt beiden, die blauäugigen seien überlegen. Der Effekt: Die Kinder ändern radikal ihr Verhalten. Wer blaue Augen hat, meidet die Braunäugigen fortan, verspottet sie und will sie »bestrafen«, weil sie ja unterlegen sind. Die schulische Leistung der Braunäugigen sinkt tatsächlich. Am nächsten Tag sagt die Lehrerin, nun seien die Kinder mit braunen Augen die »besseren«. Alles kehrt sich plötzlich um; nun werden die Blauäugigen schikaniert.

Der Versuch zeigt nicht nur, wie schnell wir andere feindlich behandeln können, wenn uns jemand sagt: Die sind schlechter. Auch die Gruppe, gegen die sich die Vorurteile richten, denkt plötzlich anders über sich selbst.

Daraus entsteht bei der betroffenen Gruppe eine Angst, in das Vorurteil zu »tappen«. Diese Angst belastet sie zusätzlich und führt oft dazu, dass sich das Vorurteil scheinbar »bestätigt« – hier begegnet uns wieder die selbsterfüllende Prophezeiung aus dem Kapitel »Mit Ihren Gedanken können Sie das Weltgeschehen steuern« (S. 51). Das Phänomen kennt jeder Mann, der schon einmal vor einer Gruppe von Frauen eine Torte in saubere

Stücke schneiden sollte (eigentlich machbar), und jede Frau, die schon einmal das Vergnügen hatte, vor den Augen einer Gruppe von Männern einzuparken (eigentlich auch machbar).

Vorurteile können sich also verheerend auswirken – und fast alle haben wir sie in unserem Kopf, denn dort kommen sie ganz offenbar leicht hinein. Die Vorurteile in unserem Kopf sind ein »Schema« – was es damit auf sich hat, wissen wir aus dem Kapitel »Wie zum Stöhnen die Lust kommt – oder der Schmerz«: Ein Schema kann ganz einfach aktiviert werden und dann unbewusst wirken (siehe S. 30).

So leicht geht es auch mit den Vorurteilen: In einem Experiment bringt man Versuchspersonen in Situationen, in denen »zufällig« ein Lockvogel in ihrer Umgebung ein Vorurteil vor sich hin murmelt. Bereits das reicht aus, damit die Versuchspersonen danach die betroffene gesellschaftliche Gruppe tatsächlich schlechter bewerten. So einfach aktiviert sich ein Schema – und damit eben auch ein Vorurteil, das in unserem Inneren schlummert.

Was meinen wir also damit, wenn wir sagen, dass wir keine Vorurteile »haben«? Wird ein Schema aktiviert, dann denken wir automatisch. Wollen wir keine Vorurteile »haben«, müssen wir das automatische Denken an dieser Stelle aus- und das bewusste Denken einschalten. Nur mit bewusstem Denken können wir das Schema unterdrücken, wenn es erst einmal aktiviert worden ist.

Das bewusste Denken erfordert allerdings Energie und Konzentration! Sind wir zum Beispiel gestresst, dann kann das bewusste Denken sich nicht immer durchsetzen. Sind wir abgelenkt, frustriert, angestrengt, dann brechen die Vorurteile so ungehindert durch, wie wir es nicht für möglich halten würden. Zahlreiche Experimente belegen das: Plötzlich verletzen weiße ihre schwarzen Mitschüler, beschimpfen Männer ihre weiblichen Kollegen und pöbeln Heterosexuelle ihre homosexuellen Nachbarn an – und zwar genau die Menschen, die eigentlich keine Vorurteile »haben«, wenn man sie in einer ruhigen Minute danach fragt.

Außerdem ist unser gedankliches Betriebssystem generell sparsam. Es sucht ständig nach Gründen, bewusstes Denken zu vermeiden und den Automaten laufen lassen zu können. Kommt ein Vorurteilsschema auf, so fragt sich unser kognitives, gedankliches Betriebssystem daher immer zuerst: Muss ich das überhaupt unterdrücken – oder gibt es nicht einen guten Grund dafür, den automatischen Prozess laufen zu lassen? Finden wir nur eine kleine Rechtfertigung für das Vorurteil, so ist es nämlich gar nicht mehr nötig, es zu unterdrücken! Wir können das Schema dann einfach ablaufen lassen, Energie sparen und ohne schlechtes Gewissen. Haben wir uns zum Beispiel im Büro heute wieder über den vorlauten Kollegen geärgert, dann haben wir eine Rechtfertigung für den Gedanken »Männer *sind* eben aggressive Machos«. Wir brauchen diesen Gedanken gar nicht mehr zu unterdrücken! Und schon haben wir kognitive Energie gespart.

Können wir Vorurteile denn dann überhaupt überwinden? Ja. Es gibt eine erprobte Methode: ein möglichst intensiver individueller Kontakt zwischen den Gruppen, wobei die Gruppen voneinander abhängig sind und auf ein gemeinsames Ziel hinarbeiten müssen. In der Schule ist das als die Jigsaw- oder Puzzle-Methode bekannt geworden, erfunden von dem berühmten US-amerikanischen Sozialpsychologen Elliot Aronson: Man teilt Lernstoff auf verschiedene Gruppen auf und jede Gruppe muss sich einen Teil von der anderen Gruppe erklären lassen, um eine Aufgabe lösen zu können. Je mehr die Puzzleteile der Gruppe ineinandergreifen, desto mehr verschwinden die Vorurteile.

Was lernen wir außerhalb der Schule daraus? Wir sollten vorsichtig umgehen mit dem Satz: »Ich habe keine Vorurteile« – und stattdessen wissen, dass wir *alle* eine ganze Menge Vorurteile haben, zumindest im Kopf. Dann können wir auf der Hut sein und ganz besonders darauf achten, dass diese Vorurteile nicht durchbrechen, weil wir im Stress sind oder uns eine rationale Rechtfertigung gesucht haben. Und wir alle können schließlich die Jigsaw-Methode nutzen und daran arbeiten, dass unsere Gesellschaft ein gemeinsames Puzzle wird.

Aronson, E. & Bridgeman, D. (1979): *Jigsaw groups and the desegregated classroom: In pursuit of common goals.* Personality and Social Psychology Bulletin, 5, 438–446

Aronson, E., Wilson, T. D. & Akert, R. M. (2008): *Sozialpsychologie* (Kap. 13). München: Pearson

Aronson, J., Lustina, M. J., Good, C. & Keough, K. (1999): *When White Men Can't Do Math: Necessary and Sufficient Factors in*

Stereotype Threat. Journal of Experimental Social Psychology, 35, 29–46

Devine, P. G. (1989): *Stereotypes and prejudice: Their automatic and controlled components.* Journal of Personality and Social Psychology, 56, 5–18

Greenberg, J & Pyszczynski, T. A. (1985): *The Effect of an Overheard Slur on Evaluations of the Target: How to Spread a Social Disease.* Journal of Experimental Social Psychology, 21, 61–72

Rogers, R. W. & Prentice-Dunn, S. (1981): *Deindividuation and anger-mediated interracial aggression: Unmasking regressive racism.* Journal of Personality and Social Psychology, 41, 63–71

»SCHATZ, WIR MÜSSEN REDEN!« – WIESO FRAUEN GLAUBEN, DASS MÄNNER IMMER NUR DAS EINE WOLLEN

Wie Sie das kommunikationspsychologische Sender-Empfänger-Modell für ein erfolgreiches Miteinander nutzen können

Und wie sieht das bei Ihnen zu Hause aus?

Die Geschichte der Kommunikation zwischen Mann und Frau ist eine Geschichte voller Missverständnisse – nicht selten recht folgenschwerer. Wollen wir verstehen warum, dann hilft ein Blick in das sogenannte »Kommunikationsquadrat«. Das hat der berühmte Kommunikations- und Konfliktforscher Friedemann Schulz von Thun entwickelt, um derartige Situationen aufzuklären. Er geht davon aus, dass jede Nachricht vier Seiten hat: eine Sachebene, eine Appellebene, eine Beziehungsebene und eine Selbstoffenbarungsebene.

Nehmen wir zur Verdeutlichung folgende Szenerie: Frau und Mann liegen im Bett, sie streichelt ihm über den Arm, er sagt: »Schatz, ich habe Kopfschmerzen.«

Was kann sie aus seiner Aussage heraushören?

(1) Auf der Sachebene werden Daten und Fakten deutlich: »Ich habe keine Bauchschmerzen und auch keine Rückenschmerzen – ich habe Kopfschmerzen.«

(2) Auf der Appellebene wird kommuniziert, was die sprechende Person erreichen will: »Lass mich in Ruhe!« oder: »Bitte tröste mich!«

(3) Auf der Beziehungsebene werden Aussagen über die Qualität der Verbindung zueinander getroffen, zum Beispiel: »Ich halte unsere Ehe für gescheitert...«

(4) Auf der Selbstoffenbarungsebene kommt es zur Kundgabe über das eigene Befinden: »Es geht mir im Moment nicht so gut.«

Eigentlich kein Hexenwerk. Doch was sich theoretisch auf diese vier einfachen Punkte bringen lässt, kann sich in der Praxis zum gehörigen Problem auswachsen. Denn es gibt ja nicht nur den Sender, der seine Botschaft mit einem bestimmten dieser vier »Schnäbel« übermittelt. Wir haben es vielmehr auch mit mindestens einem Empfänger zu tun, der wiederum die Möglichkeit hat, auf einem bestimmten dieser vier »Ohren« zu hören. Kurz: Was auf dem einen Kanal gesendet wird, wird häufig auf einem anderen Kanal wahrgenommen. Das resultiert daraus, dass viele dieser Prozesse unbewusst ablaufen – wir sind uns häufig selbst nicht im Klaren darüber, mit welchem »Schnabel« wir zwitschern beziehungsweise mit welchem »Ohr« wir lauschen.

Wenn Sie die ganze Misere positiv sehen wollen – und das Thema »Reframing« (siehe S. 13) haben wir ja schon abgefrühstückt –, dann kann diese Interpretationsvielfalt in unserem Miteinander zu durchaus störungsanfälligen, missverständlichen und spannungsreichen Situationen führen. Das wiederum macht sie ja auch gleichzeitig so spannend!

Und wir sehen: Die Schnabel-Ohr-Problematik ist nicht zwangsläufig ein Frau-Mann-Thema, wenngleich sich Frauen in vielen Fällen auf der Beziehungsebene, Männer hingegen auf der Sachebene tummeln. Dass es aber auch umgekehrt sein kann, belegt die Eingangsillustration: Die Gastgeberin bietet auf der Sachebene weder Wasser noch Kakao an – sondern Kaffee oder Tee. Ihr Gast empfängt auf dem Beziehungsohr ein »Ich finde Sie heiß!« und kommuniziert wiederum auf der Sachebene ganz klar zurück, dass er nichts trinken möchte, sondern den Austausch von Körperflüssigkeiten wünscht.

So einfach kann Kommunikation sein.

PS: In Zweifelsfällen bewähren sich Nachfragen, wie zum Beispiel: »Sie sagen ›Kaffee, Tee?‹ – was genau meinen Sie denn damit?«

Schulz von Thun, F. (2008): *Miteinander reden*. Band 1 (Teil A). Berlin: Rowohlt

Watzlawick, P., Beavin, J. H., & Jackson, D. D. (2011): *Menschliche Kommunikation: Formen Störungen Paradoxien* (Kap. 3). Bern: Huber

WARUM BEI EHEPROBLEMEN DER WURM DRIN IST (ODER: NICHT MEHR REIN DARF...)

Erkenntnisse der Paar- und Sexualtherapie bringen Sie wieder gemeinsam zum Höhepunkt

Wenn Sie in einer einigermaßen langen Beziehung gelebt haben oder gar noch leben, dann sind Ihnen Entwicklungen wie die folgende bestimmt vertraut: Ab einem gewissen Punkt läuft's nicht mehr so richtig rund, zunächst auf der Beziehungsebene und kurze Zeit später dann auch im Bett.
Tja, und dann kommt eines zum anderen und es stagniert genau an der Stelle, wo *sie* die ehelichen »Pflichten« verweigert und *er* sie einfordert – schon kreist alles nur noch um ein aus dem Ursprungsproblem geborenes Dilemma.

Im schlimmsten Fall endet es dann so – ein Tatsachenbericht: Nach 13 Jahren nimmt der Bett-Frust überhand, der Ehemann reicht die Scheidung ein, die Ehe wird wegen Beischlafentzugs, gleichgesetzt mit Grausamkeit, annulliert, weil der Mann »große mentale Qualen« erlitten habe. So entscheidet das Oberste Gericht noch im Jahr 2007 – zumindest in der indischen Hauptstadt Neu Delhi.

Solche unschönen Entwicklungen wollen wir natürlich alle vermeiden, und das ist gar nicht mal so schwer – wenn man einmal weiß, wie es geht. Verantwortlich für die Misere ist ein eigentlich ganz simpler Mechanismus, der jedoch leider und häufig verkannt wird.

Erstens: Frau kann körperliche Nähe nur zulassen und genießen, wenn als Grundlage emotionale Nähe gegeben ist. Steht etwas im Raum zwischen den beiden, gibt es einen Konflikt oder gar einen Streit, dann muss theoretisch alles so lange aufgedröselt und zerkaut werden, bis es auf der zwischenmenschlichen, der emotionalen Ebene wieder stimmig ist. Das kennen wiederum die Männer: die Nächte, in denen geredet, geredet, geredet werden muss... bis einem die Lust vergangen ist.

Zweitens: Mann tickt genau umgekehrt. Er ist erst dann wieder bereit und fähig, sich auf die Gefühlsebene, auf eine Klärung einzulassen, wenn er weiß, dass er körperlich andocken kann. Er braucht sexuelle Nähe, um im Anschluss daran über die Beziehung reden, Nähe auf der zwischenmenschlichen Ebene herstellen zu können.

Dieser Teufelskreis kann die Beziehung, die Ehe in den Abgrund reiten – wenn nicht mindestens einer der Beteiligten bereit ist, diesen Mechanismus zu verstehen, und beide Partner dann in eine gemeinsame Richtung arbeiten können.

Betrachten Sie das Ganze doch einfach mit unserer neuen Sichtweise von Konflikt (siehe »Warum wir Konflikte brauchen wie die Luft zum Atmen«, S. 177): Auf der Ebene der Position kracht es: Er will – sie nicht. Auf der tiefer liegenden Ebene der Bedürfnisse aber sieht es schon ganz anders und viel versöhnlicher aus: Beide wollen Nähe, er physisch – sie psychisch. Damit existiert trotz aller Diskrepanzen eine Gemeinsamkeit, die sich nutzen lässt. Beide haben nämlich die Möglichkeit, auf ihre Kosten zu kommen. Zeitversetzt. Die Frage ist: »Wer gibt nach, ist der oder die Klügere?« Das zu sein beanspruchen ja in der Regel beide gerne jeweils für sich. Oder einfach abwechselnd? Heute zuerst reden und dann Körperkontakt. Morgen Versöhnungssex und sich im Anschluss verbal die Nacht um die Ohren schlagen.

Mit so viel Erkenntnis garniert, finden Sie garantiert einen einvernehmlichen Weg für den »Wurm«.

Clement, U. (2007): »Erotische Entwicklung in langjährigen Partnerschaften«. In: Willi, J. & Limacher, B. (Hrsg): *Wenn die Liebe schwindet: Möglichkeiten und Grenzen der Paartherapie.* Stuttgart: Klett-Cotta

Clement, U. (2006): *Guter Sex trotz Liebe: Wege aus der verkehrsberuhigten Zone.* Berlin: Ullstein

Willi, J. (2002): *Psychologie der Liebe* (Kap. 6). Stuttgart: Klett-Cotta

WAS AUFZUGFAHREN MIT KÄNGURU-GEZICKE ZU TUN HAT

Wie Sie im Alltag von der »Synchronisation der Umweltwahrnehmung« aus der Tierforschung profitieren

Dssst – der Aufzug schließt, pling – die Etage ausgewählt und rschschsch – die Fahrt geht los. Es ist eng, es ist stickig. In Reih und Glied, wie die Zinnsoldaten, stehen wir, den Blick uniform gen Tür gerichtet. Wir starren auf Hinterköpfe, Hinterköpfe, Hinterköpfe…

Wie ist es möglich, dass sich dieses Schauspiel in jedem Fahrstuhl, an jedem Ort der Welt, zu jeder Uhrzeit und mit völlig unterschiedlichen Menschen immer einheitlich wiederholt?

Und was lernen wir daraus fürs Leben außerhalb des Fahrstuhls?

Um eine Antwort auf diese Frage zu finden, bemühen wir die Ethologie, die vergleichende Verhaltensforschung von Mensch und Tier: In Australien nämlich lässt sich wunderbar beobachten, wie Kängurus aus dem Nichts heraus in herrliche Rangeleien geraten und sich gegenseitig niederboxen. Um sich nach einer gewissen Zeit – wie durch »Geisterpfote« – wieder zu beruhigen, sich stillschweigend in eine Reihe zu setzen, in dieselbe Richtung zu schauen, als wäre nie etwas gewesen.

Tierpsychologen haben folgende Erklärung für dieses possierliche Verhalten parat: Die Kängurus beruhigen sich durch eine Vereinheitlichung ihrer Umweltwahrnehmung und schalten so ihre gegenseitige Sozialwahrnehmung aus. Sie sitzen in einer Reihe, schauen in eine Richtung, sehen sich gegenseitig nicht, müssen sich deswegen nicht mehr übereinander aufregen und können wieder Frieden einkehren lassen…

Genau dieser Mechanismus greift auch, wenn wir Menschen einander auf engstem Raum ausgesetzt sind. Und Aufzüge sind ja enge Räume, in denen die eigene Distanz- und Reizschwelle massiv überschritten werden. Denn normalerweise brauchen wir zirka 80 Zentimeter Abstand zu fremden Artgenossen, damit wir die Situation noch als angenehm empfinden können. Andernfalls kommen leicht Gefühle wie Unwohlsein und auch Aggression auf.

Was hilft? Auf den Fahrstuhl verzichten können wir in den meisten Fällen nicht – also heißt es, unser Verhalten der Situation anzupassen. Wir machen es so wie die Kängurus: Wir vereinheitlichen unsere Wahrnehmung, indem wir uns auf die Tür fokussieren, und vermeiden den direkten Kontakt, indem wir uns kollektiv auf unsere Hinterköpfe konzentrieren. Auf diese Weise laufen wir weder Gefahr, unseren Artgenossen direkte Reize zu senden noch von ihnen Reize zu empfangen. Wir haben keinen Grund, uns aufregen zu müssen.

Testen Sie's und machen Sie die Gegenprobe: Benehmen Sie sich einmal anders als die Allgemeinheit und schauen Sie Ihren Mitfahrern keck ins Gesicht. Beobachten Sie die Reaktionen und spüren Sie, wie sich die Stimmung verändert. (Kleiner Tipp am Rande: Sollte es brenzlig werden, so setzen Sie notfalls das evolutionär überlieferte Furchtgrinsen auf. Legen Sie Ihren Oberkiefer frei, jedoch ohne Beißstellung. Entspannen Sie die Situation durch diese defensive Entschuldigung, gepaart mit freundlichem Appell. Junge Primaten machen es uns vor ...)

Das Prinzip »gemeinsame Konzentration auf etwas Drittes, um nicht miteinander in Konflikt zu geraten« funktioniert auch außerhalb des Aufzugs und des bloßen Blickkontakts. In dem Kapitel »Warum Frauen *wirklich* nicht einparken und Männer *wirklich* nicht zuhören können« (S. 243) haben wir zum Beispiel gesehen, dass sich einander feindlich gesinnte Gruppen versöhnen lassen, wenn man ihre Aufmerksamkeit auf ein gemeinsames äußeres Ziel lenkt. Auf diese Weise beschäftigen sich die Beteiligten nicht mehr so sehr mit der Frage, ob sie gegenseitig ihre »Reizschwelle« überschreiten und sich daher streiten müssen. Zusätzlich wirkt das Ähnlichkeitsprinzip (siehe S. 154): Gemeinsamkeiten machen uns andere Menschen sympathischer. Das kann ebenso der gemeinsame Blick auf eine Aufzugtür sein wie die Konzentration auf ein gemeinsames sonstiges Ziel. Schon solche kleinen Tricks können also helfen, wann immer Sie eine hoch gekochte Situation etwas beruhigen wollen.

Kappeler, P. (2008): *Verhaltensbiologie* (Kap. 14 und 15).
Berlin: Springer
Wehnelt, S. & Beyer, P.-K. (2002): *Ethologie in der Praxis: Eine Anleitung zur angewandten Ethologie im Zoo* (Kap. 2.3.2).
Fürth: Filander

SIND SIE SO PEINLICH, WIE SIE GLAUBEN?

Der »Spotlight-Effekt« aus der Persönlichkeitspsychologie macht Ihr Leben entspannter – wenn Sie ihn kennen

Auf einer hippen Party Ihres besten Freundes: »Ich hol uns mal eben was zu trinken«, tönen Sie vollmundig zu der Gruppe, bei der Sie stehen. Ein paar Minuten später kommen Sie vollbepackt zurück – mit zwei Gläsern Prosecco, zwei Bier und einem Weißwein, den Sie kunstvoll noch unter den linken Arm geklemmt haben. Dummerweise übersehen Sie eine Serviette, die offenbar vom Tisch gefallen ist und einladend vor Ihnen auf dem Boden liegt. Sie gleiten zunächst sanft und elegant, jedoch unaufhaltsam, mit dem rechten Fuß nach vorne. Im Verlauf der Bewegung verlieren Sie stark an Eleganz und können sich gerade noch an der Tischkante auffangen. Die Getränke landen laut scheppernd auf dem Boden.

> Was denken Sie?
> - »War was?«
> - »Ich würde am liebsten *sofort* im Erdboden versinken. Vor diesen Leuten kann ich mich doch nie wieder blicken lassen.«
> - »Halb so schlimm. In fünf Minuten erinnert sich kein Mensch mehr daran.«

Wenn Sie zu den extrem lockeren Zeitgenossen gehören, werden Sie das »War was?« nicht nur denken, sondern überzeugt in die Runde fragen. Die meisten Menschen allerdings tendieren in einer solchen Situation eher in Richtung »im Erdboden versinken«.

Nun kommt aber die eigentlich interessante Frage: Wie sehen die anderen die Situation? Glauben die auch, Sie könnten ihnen nie wieder unter die Augen treten? Die Wissenschaft legt nahe: Der Großteil der Umstehenden hat den Vorfall – wenn überhaupt – nur kurz wahrgenommen und sich dabei gar nichts weiter gedacht.

Wir überschätzen nämlich in der Regel die Aufmerksamkeit, die andere Menschen uns entgegenbringen und zwar dramatisch. In der Wissenschaft kennen wir das als den »Spotlight-Effekt« – wir glauben, viel stärker im Scheinwerferlicht zu stehen, als wir das eigentlich tun.

Der Spotlight-Effekt ist mehrfach eindrucksvoll nachgewiesen: Man lässt zum Beispiel Studenten T-Shirts tragen, die sie selbst als »peinlich« empfinden, etwa weil darauf ein Musiker abgebildet ist, der in Studentenkreisen als »peinlich« gilt. (Im Experiment war das Barry Manilow...) Hinterher fragt man die Studenten, wie vielen Beobachtern das »peinliche« T-Shirt wohl aufgefallen sei. Und man fragt die Beobachter selbst und vergleicht die Zahlen. Das Ergebnis: Die Zahl der Beobachter, die sich überhaupt an das T-Shirt erinnern, ist kaum halb so groß wie von den T-Shirt-Trägern vermutet! Andere Konstellationen liefern ganz ähnliche Ergebnisse. So vermuten Diskussionsteilnehmer ebenfalls, ein schlechter eigener Diskussionsbeitrag sei den anderen Diskussionsteilnehmern viel stärker aufgefallen, als das tatsächlich der Fall ist.

Der Spotlight-Effekt hat mit dem Egozentrismus zu tun, den wir schon kennengelernt haben (S. 78). Wir selbst nehmen alles, was wir tun, natürlich besonders stark wahr – und schließen daraus, dass auch die anderen uns genauso sorgfältig beobachten. Dabei vergessen wir – wie so oft –, die Perspektive zu wechseln und für eine Sekunde gedanklich in die Rolle der anderen Menschen zu schlüpfen. Täten wir das, dann wäre uns sofort klar: Die anderen beobachten zwar genauso sorgfältig wie wir – allerdings nicht uns, sondern sich selbst! Denn sie kämpfen mit ihrem eigenen Egozentrismus. So schleichen wir nicht nur auf Partys, sondern grundsätzlich im Leben alle mit der bangen Frage umeinander herum: »Was sollen denn die anderen von mir denken?« Dabei denken die anderen nur: »Was sollen denn die anderen von mir denken?«

Der Spotlight-Effekt wirkt aber nicht nur bei Peinlichkeiten. Auch in guten Momenten glauben wir, die anderen nähmen uns viel stärker wahr, als sie es eigentlich tun: Wenn wir in einer Diskussion etwas Schlaues sagen, wenn wir zu Hause mal den Müll runterbringen oder im Büro einen guten Beitrag zu einem Projekt leisten. Auch in solchen Fällen empfinden wir das Scheinwerferlicht viel stärker auf uns, als es eigentlich scheint. Merken wir später, dass unsere gute Leistung eher am Rande oder vielleicht sogar gar nicht wahrgenommen wurde, sind wir schnell enttäuscht. Vor allem bei der (Haus-)Arbeit mündet das dann leicht in Frustration: »Keiner bekommt überhaupt mit, was ich hier mache.«

Die Erkenntnis, dass andere Menschen sich viel weniger für uns interessieren, als wir glauben, ist also bitter und befreiend zugleich. Wenn Sie den Spotlight-Effekt kennen und sich öfter mal ins Bewusstsein rufen, hilft das in zwei Richtungen: Zum einen wird Ihnen kaum noch etwas wirklich peinlich sein – wenn Sie wissen, dass die anderen viel zu sehr mit sich selbst beschäftigt sind, um das überhaupt wahrzunehmen. Zum anderen erwarten Sie nicht mehr, dass alle Welt gebannt aus der ersten Reihe auf Ihre guten Leistungen starrt. Und das schützt Sie vor Enttäuschung – wie alle realistischen Erwartungen.

Gilovich, T., Medvec, V.H. & Savitsky, K. (2000): *The spotlight effect in social judgement: An egocentric bias in estimates of the salience of one's own actions and appearance.* Journal of Personality and Social Psychology, 78, 211–222

WAS DER SCHOKOEFFEKT ÜBER IHR LEBEN AUSSAGT

Impulskontrolle macht erfolgreicher und ist lernbar

> Nehmen wir an, jemand legt Ihnen ein Stück Schokolade vor die Nase und stellt Sie vor die Wahl: Entweder Sie nehmen sich das eine Stück Schokolade jetzt und dürfen es behalten. Oder Sie warten bis morgen und bekommen dafür zwei Stücke Schokolade. Wie entscheiden Sie sich?
> (Für Männer: Sie können »Schokolade« gern wieder durch »T-Bone-Steak« ersetzen.)

Was Ihnen wie ein unwichtiges Kinderspiel vorkommen mag, kann mehr über Ihren Lebensweg aussagen, als Sie vielleicht für möglich halten – und zwar über Ihren bisherigen Lebensweg ebenso wie über Ihren zukünftigen.

Unsere Schokoladen-Frage wandelt nämlich ein berühmtes Experiment ab, das der Psychologe Walter Mischel in den 1960er Jahren mit Kindern durchführte. Er legte ihnen eine Packung Marshmallows vor die Nase und stellte sie vor die Wahl: entweder sofort einen Marshmallow aus dem Karton nehmen oder aber ein paar Minuten warten und dann zwei bekommen. Einige Kinder nahmen sofort den einen Marshmallow. Andere strengten sich enorm an, um der momentanen Versuchung zu widerstehen und sich auch noch den zweiten Marshmallow dazuzuverdienen – sie schauten weg, hielten sich die Augen zu oder lenkten sich anderweitig ab.

Bis hierher ist noch nichts Bemerkenswertes geschehen; es war klar, dass die Kinder unterschiedlich reagieren würden.

Das Überraschende zeigt sich 14 Jahre später. Mischel sucht die Kinder von damals noch einmal auf. Er untersucht, wie erfolgreich und zufrieden sie als junge Erwachsene sind. Das eindeutige Ergebnis: Wer damals auf den zweiten Marshmallow warten konnte, hat jetzt mehr Erfolg in Schule und Studium, kann mehr Stress vertragen und ist insgesamt selbstbewusster, umgänglicher und ausgeglichener. Wer hingegen sofort zugriff, ist heute weniger erfolgreich; seine Mitmenschen beschreiben ihn eher als frustriert und neidisch.

Die Fähigkeit, darauf zu verzichten, einen akuten Wunsch sofort zu befriedigen, nennen wir »Belohnungsaufschub« oder »Impulskontrolle«. Die berühmte Mischel-Studie belegt anschaulich: Je stärker wir unsere Impulse unter Kontrolle haben und Belohnungen aufschieben können, desto wahrscheinlicher sind wir beruflich und sozial erfolgreich. So einfach ist das.

Die Zusammenhänge leuchten auch ein: Nicht nur beruflich, sondern auch privat kämpfen wir auf unserem Lebensweg mit einer Menge Hindernisse. Nicht immer empfangen uns andere Menschen mit offenen Armen und geben uns gleich alles, was wir wollen. Regelmäßig erfahren wir auch Ablehnung. Erfolgreich ist am Ende derjenige, der es einfach oft genug immer wieder neu versucht. Das wiederum ist umso leichter, je besser wir emotional damit umgehen können, wenn wir nicht sofort bekommen, was wir wollen. Wer sich von solchen Rückschlägen weniger belasten lässt, ist nicht nur ausdauernder, sondern auch insgesamt besser gelaunt und zufriedener – trotz aller Rückschläge. Das nennen wir »Frustrationstoleranz«. Und eben diese Fähigkeit lässt sich schon früh testen, indem man den Kindern die Marshmallow-Frage stellt.

Ist es nun schon zu spät für alle, die als Kind sofort nach dem Marshmallow gegriffen haben (oder hätten)? Nein, zum Glück nicht! Die Impulskontrolle lässt sich trainieren. Achten Sie einmal darauf: Wenn Sie an das neue Paar Schuhe oder das neue Handy denken, das Sie gern hätten – müssen Sie es dann unbedingt *heute* noch kaufen? Oder schreiben Sie es sich auf den Einkaufszettel für das nächste Mal, wenn Sie ohnehin in die Stadt fahren? Wenn Sie von Ihrem Partner *jetzt* einen Kuss wollen – sind Sie dann den Rest des Abends eingeschnappt, wenn er gerade mit etwas anderem beschäftigt ist und sagt: »Schatz, jetzt gerade nicht«? Oder sagen Sie sich: »Nachher ist der Kuss genauso schön, und wahrscheinlich gibt es dann sogar mehr als einen.«

Wenn Sie eher zu den ersten Antwortalternativen neigen, können Sie sich selbst einen Gefallen tun, indem Sie Ihre Geduld ein wenig trainieren. Denn es geht niemals nur um ein Handy oder einen Kuss: Es geht um eine der entscheidendsten Fähigkeiten in Ihrem Leben. Und wenn Sie selbst noch kleine Kinder haben, dann investieren Sie in deren Leben am besten, indem Sie ihnen nicht jeden Wunsch sofort erfüllen.

Mischel, W. & Ayduk, O. (2004): »Willpower in a cognitive-affective processing system: The dynamics of delay of gratification«. In: Baumeister, R. F. & Vohs, K. D. (Hrsg.): *Handbook of self-regulation: Research, Theory, and Applications*, 99–129. New York: Guilford

EMAN(N)ZIPATION: SIND FRAUEN DIE BESSEREN MÄNNER?

Wann Multitasking effektiv und gesund ist (und vor allem: wann nicht)

> Was glauben Sie: Wer kann besser bügeln, telefonieren, sich eine Tasse Tee kochen, Nachrichten schauen, ein Buch lesen, ein Bad nehmen – und zwar gleichzeitig?
> ❑ Wir Männer oder
> ❑ wir Frauen?

Multitaskingfähigkeit ist die besondere Gabe, mehrere Tätigkeiten gleichzeitig zu verrichten – und zwar erfolgreich. Bislang war diese Domäne den weiblichen Wesen unter uns vorbehalten; lange Zeit war die Wissenschaft davon überzeugt, dass wesentlich mehr Frauen als

Männer multitaskingfähig sind. So konnte zum Beispiel in Familien mit weiblichen *und* männlichen Fußballfans *angeblich* beobachtet werden, dass bei der Übertragung von Fußballspielen die Männer ihre bis dahin ausgeübte Tätigkeit unterbrechen und zuhören (ja, zuhören, obwohl ihnen diese Fähigkeit ja sonst abgesprochen wird…). Die Frauen hören ebenso aufmerksam zu *und* setzen ihre bisherigen Tätigkeiten dabei fort.

So weit, so gut.

Als Erklärungsansätze wurden *bislang* zurate gezogen:

Erstens: Frauen können überdurchschnittlich schnell zwischen ihren Gehirnhälften hin- und herschalten. Dieser Ansatz wurde dadurch gestützt, dass unter den *wenigen* multitaskingfähigen Männern überdurchschnittlich viele Beidhänder sind, also Menschen, die mit der linken und der rechten Hand gleich gut schreiben und andere Dinge tun können. Denn Beidhändigkeit wiederum setzt eine gute Verschaltung der Hirnhälften voraus.

Zweitens: Frauen üben sehr früh im Leben das gleichzeitige Erledigen mehrerer Aufgaben ein: zum Beispiel auf den Nachwuchs aufpassen und parallel andere Tätigkeiten verrichten.

Drittens: Nun wird eine Fähigkeit ja grundsätzlich beim Tun trainiert und gefördert. Und da (vermeintlich) bekannt ist, dass Frauen multitaskingfähiger sind als ihre männlichen Mitmenschen, gilt es bei Frauen auch nur als bedingt unhöflich, wenn sie im persönlichen Kontakt mehreren Dingen gleichzeitig nachgehen. Sie dürfen das Multitasking im Sinne der selbsterfüllenden Prophezeiung üben, üben, üben… bis sie es dann tatsächlich eines Tages beherrschen. Ganz anders bei den Männern, die (angeblich) nur eine Sache zur selben Zeit regeln können. Bei ihnen wird es als extrem unhöflich empfunden, wenn sie sich nicht vollständig zum Beispiel auf ein Telefonat konzentrieren, weil sie nebenbei noch im Netz surfen oder sich die Barthaare »operieren«.

Das war gestern – eine aktuelle Untersuchung räumt auf mit all diesen Vorurteilen. Eine Studie des Instituts für Arbeit und Gesundheit stellt Versuchspersonen vor folgende zwei Aufgaben: Sie sollen während einer Fahrsimulation bei Signalen die Spur wechseln. Zudem wird eine Bürotätigkeit simuliert: Am Computer sollen die Menschen Rechtschreibfehler in Worten erkennen, die nacheinander auf dem Bildschirm auftauchen.

Im ersten Durchgang wird jede der beiden Aufgaben für sich erledigt. In der zweiten Runde kommt eine Zusatzaufgabe hinzu: So sollen die Probanden während der Autofahrt auf dem Handy eine Nummer wählen oder eine Wegbeschreibung vorlesen. Während sie am Computer nach Rechtschreibfehlern suchen, sollen sie per Kopfhörer einen Text hören und sich dessen Inhalt merken. Als abhängige Variablen werden Leistung, subjektives Erleben und körperliche Reaktionen erfasst.

Das Ergebnis: Bei dem bisher angenommenen Talent von Frauen, mehrere Dinge gleichzeitig tun zu können, handelt es sich um einen Trugschluss. Männer *und* Frauen erledigen die Ursprungsaufgaben unter Multitaskingbedingungen schlechter und sind angespannter als ohne die »Nebenbeschäftigung«. Wer mehrere Dinge gleichzeitig tut, riskiert also schlechtere Leistungen, erhöht Anspannung und steigert das Unfallrisiko – und zwar unabhängig vom Geschlecht. Wer alles gleichzeitig erledigen will, braucht am Ende also vielleicht mehr Zeit, als wenn er sich der Dinge nacheinander annimmt.

Grundsätzlich hängt es aber von der Aufgabenart ab, wie sich Multitasking auswirkt. Wenn wir mit einer Tätigkeit gut vertraut sind, dann können wir diese Tätigkeit recht problemlos ausüben, während wir gleichzeitig mit anderen Tätigkeiten beschäftigt sind. Frühstücken und Zeitung lesen geht also gut, in der Wanne planschen und ein Sektchen schlürfen ebenfalls. Gleichzeitig Autofahren, Telefonieren, aufs Navi achten *und* die Lippen nachziehen hingegen ist schon anspruchsvoller und deutlich gefährlicher...

Paridon, H. (2010): *Irrglaube Multitasking*. Arbeit und Gesundheit, 10, 12–13

Sayer, L. C. (2007): »Gender Differences in the Relationship between Long Employee Hours and Multitasking«. In: Rubin, B. A. (Hrsg.): *Workplace Temporalities (Research in the Sociology of Work, Volume 17)*, 403–435. Bingley: Emerald

Wasson, C. (2004): *Multitasking during virtual meetings*. Human Resource Planning, 27, 47–60

DAS BESTE ZUM SCHLUSS: UNSER UNTERBEWUSSTSEIN

Die Geheimwaffe der Psychoanalyse verrät Ihnen, wie Sie in Zukunft immer Recht behalten

Das absolute Totschlagargument der Psychologen ist das Unterbewusstsein…

…denn das Unterbewusstsein entzieht sich der wissenschaftlichen Überprüfung. Seine Existenz konnte bisher noch nie nachgewiesen werden. Das stört die Psychologen allerdings wenig, denn es ist eine sehr praktische Behauptung. Wenn der Patient mit einer wagemutigen Deutung seines Therapeuten einmal nicht einverstanden ist, dann kann dieser immer noch entgegnen: »Ich weiß, dass Sie unterbewusst sehr zufrieden sind mit der Therapie – Sie wissen es halt nicht.« Damit ist und bleibt er immer im Recht.

Und was lernen wir daraus?

Erstens: Wenn Sie mal in Ihrer Argumentation nicht weiterkommen, dann unterstellen Sie einfach dem Unterbewusstsein Ihres Gesprächspartners irgendwas – soll er Ihnen doch das Gegenteil erst mal beweisen.

Zweitens: Hüten Sie sich vor Psychologen.

Bumke, O. (1926): *Das Unterbewusstsein. Eine Kritik.*
Berlin: Springer
Grünbaum, A. (1984): *The Foundations of Psychoanalysis: A Philosophical Critique.* Berkeley: California Press

WAS WOLLEN *SIE* UNS SAGEN?

Liebe Leserin, lieber Leser!

Wie Sie bemerkt haben, ist die Psychologie wirklich ein höchst spannendes und hilfreiches Feld, das sich täglich und immer weiter entwickelt.
 Deshalb fragen wir Sie:
 Welche Themen hätten Sie sich noch gewünscht?
 Worüber möchten Sie mehr erfahren?
 Welche Geschichten haben Sie uns zu erzählen?
 Wir laden Sie sehr herzlich dazu ein, sich jederzeit bei uns zu melden! Schicken Sie uns gerne eine E-Mail an:

mail@kitz-tusch.com

Herzlichen Dank und unsere besten Grüße!

Dr. Volker Kitz & Dr. Manuel Tusch

www.kitz-tusch.com
www.volkerkitz.com
www.manueltusch.de
www.ifap-koeln.de

PS: Und wenn Sie tiefer einsteigen möchten, empfehlen wir Ihnen zwei auch für den Laien gut lesbare allgemeine Lehrbücher:

Zimbardo, P.G. & Gerrig, R.J. (2008): *Psychologie*. München: Pearson

Aronson, E., Wilson, T.D. & Akert, R. M.(2008): *Sozialpsychologie*. München: Pearson

UNSERE THEMEN HABEN IHNEN GEFALLEN?

Sie wollen mehr davon?
Dann haben Sie zwei Möglichkeiten:

1. Erleben Sie Dr. Kitz & Dr. Tusch live auf ihrer internationalen Tournee. Lassen Sie sich anstecken von einer ganz besonderen Stimmung und kommen Sie mit den Autoren persönlich ins Gespräch. Termine unter:
www.kitz-tusch.com/de/termine

2. Holen Sie Dr. Kitz & Dr. Tusch zu sich! Ob Vortrag, Workshop oder Coaching – Dr. Kitz & Dr. Tusch kümmern sich ganz individuell. Infos unter:
www.kitz-tusch.com/de/inhouse

GLOSSAR/INDEX

Aberglauben 142
Abneigung 168
Adaptation 119
Ähnlichkeitsprinzip 154, 156, 158, 166, 172, 187, 203, 260
Alter 40
Angst 119, 130, 195, 245
Ankereffekt 98, 100 f.
Appellebene 251
Argumentation, egozentrische 79
Aronson, Elliot 248
Attraktivität 58, 149, 173 f.
Attribution 25 f.
 externale 26
 -fehler, fundamentale 27 f.
 internale 26, 28
Auseinandersetzung 63, 65
Ausschleichen 190

Autokinetischer Effekt 202
Autosuggestion 132

Ballancetheorie 160 f.
Bedürfnisse 182
Beidhändigkeit 271
Belohnung 227 ff., 230
 -aufschub 267
Beschwerden, psychosomatische 194
Besitztumseffekt 217, 219 f.
Beugen 201, 203
Beziehungsebene 251
Blitzlichterinnerung 237
Borgen 201, 207
Brehm, Jack 213
Brown, R. 238
Bush, George W. 238, 241

Chaplin, Charlie 50

Dissonanz, kognitive 52, 55, 68, 70, 161, 227
Dissonanztheorie 66, 146
Drei-Berge-Versuch 79

Effekt, autokinetischer 202
Effekt der bloßen Darstellung 148–152, 157, 173
Egoismus 79
Egozentrismus 78–81, 264
Ehe 79, 81, 255
Einfluss, informativer 201, 207
Einfluss, normativer 201, 207
Elliot, Jane 245
Empathie 80 f., 186
Empathie-Altruismus-Theorie 187
Entfremdung 44
Epiktet 19
Essen 74 f.
Extinktion 190
Extrinsische Motivation 226 f., 229

Facial Feedback 46, 48
Festinger, Leon 37, 68
Fixierungen 222 ff.
Fremdbestimmung 125
Freud, Sigmund 95
Freude 46–49
Frustrationstoleranz 268

Gefühlsechtheit 40–43
Gelassenheit 13
Genovese, Kitty 207
Genovese-Syndrom 207
Gewöhnung 22 ff., 58, 60, 76
Glasl, Friedrich 178
Gruppenzwang 204

Habituation 20 ff., 24, 58, 75 f.
Halo-Effekt 53, 112–115, 172
Hass 197
Heider, Fritz 161 f.
Hilflosigkeit 140 ff.
Homophilie, soziale 157
Humor 32

Ignoranz, pluralistische 208, 210
Impulskontrolle 266 ff.

Indepentetes Verständnis des Selbst 28
Informationen, fehlende 31 f.
Informationen, mehrdeutige 32
Interdependentes Verständnis des Selbst 28
Intervention, paradoxe 215

Intrinsische Motivation 225 ff., 229

Kahneman, D. 99
Keillor, Garrison 84
Knallzeuge 31 f.
Kognitive Dissonanz 52, 55, 68, 70, 161, 227
Kommunikation 251
 -quadrat 251
Komplementaritätsprinzip 156
Konditionierung 189 f.
Konflikte 177–182
Konformität 200 ff., 204
Kontrolle 140 ff., 199
 -illusion 129, 138
 -überzeugung 124
Kopfstandmethode 16

Korrumpierungseffekt 225 ff.
Kulik, J. 238

Lachen 48 f.
Lake-Wobegon-Effekt 84

Macht der Gewöhnung 22 f., 58, 100
Mediation 177, 180
Milgram, Stanley 204
Mimik 48 f.
Mischel, Walter 267
Mitgefühl 92, 187
Mitleid 91 f.
Motivation, extrinsische 226 f., 229
Motivation, intrinsische 225 ff., 229
Multitasking 270–273

Nähe-Effekt 150
Neale, M. A. 100
Negative-State-Relief-Hypothese 187
Northcraft, G. B. 100
Notfall 206, 208, 210

Paradoxe Intervention 215

Perserveranz-Effekt 104
Perspektivenübernahme 81
Piaget, Jean 79 f.
Placebo-Effekt 54
Pluralistische Ignoranz 208, 210
P-O-X-Modell 161
Primat-Effekt 108 f.
Primat-Rezenz-Effekt 107, 110
Priming 30, 32 ff., 187
Prophezeiung, selbsterfüllende 14, 45, 51 f., 54 f., 106, 168, 215, 245, 271
Pseudogefühle 41, 43
Psychohygiene 194 f.

Ratschläge 95 ff.
Reaktanztheorie 212 f.
Rechtfertigung des Aufwands 70
Reframing 13, 16 ff., 252
Religion 134 ff.
Reserveargument 110
Rezenz-Effekt 109
Reziproke Zuneigung 165 ff. 169

Rosenthal, Robert 52
Rosenthal-Effekt 52
Ross, Lee 27

Sachebene 251
Schema 31 f., 43, 151, 235, 246 f.
Schönheit 172 ff.
Schönreden 67
Schulz von Thun, Friedemann 251
Selbsterfüllende Prophezeiung 14, 45, 51 f., 54 f., 106, 168, 215, 245, 271
Selbstkontrolle 135, 137
Selbstoffenbarungsebene 251
Selbstüberschätzung 85, 87 f.
Selbstwirksamkeitserfahrung 123, 125, 129, 131
Selye, Hans 118
Soziale Homphilie 157
Sozialvergleich 35, 37 f.
Sozialwahrnehmung 258
Spotlight-Effekt 261 ff.
Streit 178

Stress 116 f., 11 ff.
-abbau 48
-Reaktion auf 117
Stressoren 118 ff.

Thorndike, E.L. 114
Tomkins, Silvan 48
Traumatisierung 198
Trösten-Tendenz 95
Truth-Effekt 151
Tversky, A. 99
Twain, Mark 214

Überlegenheitsillusion 83–89
Umdeutung 16–19
Umweltwahrnehmung 258
Unterbewusstsein 130 ff., 194
Unterbrechung 22 ff.

Veränderungsblindheit 231, 233 ff.
Verantwortungsdiffusion 210

Verdrängung 194 f., 197
kontrollierte 198
Verfügbarkeitsfehler 101 ff., 105
Verknappung, künstliche 144 ff., 152
Verschwörungstheorie 142
Verzerrungen, selbstwertdienliche 85
Vorurteile 243–248

Wahrnehmungskategorisierung 57
Wilde, Oscar 172
Wohlbefinden 48
Wünsche 182
Wut 44, 197

Zuhören 64 f., 96
Zuneigung, reziproke 165 ff., 169
Zuschauereffekt 206 f., 209 f.
Zwänge 129 f.

Machen Sie Ihren Job zu Ihrem Traumjob!

Der *SPIEGEL*-Bestseller von Kitz & Tusch als Taschenbuch bei Heyne

978-3-453-65011-4

»Das Thema trifft ganz offensichtlich ins Mark der Gesellschaft.« *Der Tagesspiegel*

Leseprobe unter: **www.heyne.de**

Direkt, provokant und kontrovers!

»Selten gab es derart provokative Aussagen zum Thema Selbstfindung und Selbstmanagement in Buchform.«
Handelszeitung Online (über Larry Winget)

978-3-453-67022-8

Larry Winget
Halt den Mund, hör auf zu heulen und lebe endlich!
Der Tritt in den Hintern für alle, die mehr wollen
978-3-453-67022-8

Robert I. Sutton
Der Arschloch-Faktor
Vom geschickten Umgang mit Aufschneidern, Intriganten und Despoten in Unternehmen
978-3-453-60060-7

Leseproben unter: **www.heyne.de**

HEYNE ‹

Wie werden wir in Zukunft leben, arbeiten, essen?

Arne Gillert
Der Spielfaktor
Warum wir besser arbeiten, wenn wir spielen
978-3-453-18270-7

Klaus Heilmann
Das Risikobarometer
Wie gefährlich ist unser Leben wirklich?
978-3-453-17347-7

Hans-Ulrich Grimm
Die Ernährungsfalle
Wie die Lebensmittelindustrie unser Essen manipuliert
Das Lexikon
978-3-453-17074-2

Eike Wenzel
Ist die Zukunft noch zu retten?
Warum unser System in der Krise steckt – und was sich ändern muss, damit wir morgen besser leben
978-3-453-18629-3

Leseproben unter: **www.heyne.de**

HEYNE ‹